LE DESSOUS DES CARTES
ATLAS JUNIOR

Mille mercis à Virginie Raisson, Marie Ferey, Camille Ferey, Fabienne Mandelblit, Lili-Jeanne Barcilon, Claire Aubret, Francesca Fattori, Marie-Laure Lesage, Anne Pradel, Isabelle Delépine.

Catherine et Dominique remercient également leurs élèves dont la curiosité fait mentir les discours ambiants sur le désintérêt de la jeunesse pour le monde.

Direction éditoriale : Gaëlle Mauduit et Isabelle Pailler
Direction artistique : Valérie Gautier
Maquette : Cédric Scandella
Iconographies : Michèle Kerneïs
Recherche et documentation : Serena Pirastru
Corrections : Christiane Mouttet
Préparation de copie : Patricia Landry
Fabrication : Luc Martin
Photogravure : IGS
Cartographie : Clément Gerber pour le Laboratoire d'études politiques et cartographiques (LEPAC)

Crédits iconographiques
P.11 : © Costa/Leemage ; p.12 : © Costa/Leemage ; p.14 : © Philippe Plailly/Eurelios/LookatSciences + Mention Daynes ; p.15 : © John Reader/SPL/Cosmos ; p.16 : ©Heritage Images/Leemage ; p.17 gauche : ©Costa/Leemage ; p.17 droite : © Collection Dagli Orti/Bodleian Library Oxford/Picture Desk ; p.18 : © Private Collection/Archives Charmet/The Bridgeman Art Library ; p.19 gauche : DR ; p.19 droite : DR ; p.20 : © Louie Psihoyos/Science Faction/Corbis ; p. 21 : © Chris Harrison ; p.23 : © Yann Arthus-bertrand/Altitude ; p.24 : © Patrick Escudero/Hoa-Qui ; p.25 haut : © Eric Lafforgue/HOA-QUI ; p.25 bas : © A & G Reporter/Tips/Photononstop ; p. 26 : © Frédéric Noy/Cosmos ; p. 30 : © Niu Shupei/EPN/Newscom/Sipa ; p.31 : © ERALDO PERES/AP/SIPA ; p.32 : © Olivier Martin Gambier/Artédia-architecte : SOM ; p.34 : © Dieter Telemans/Cosmos ; p.37 : © Jean-Luc Manaud/Rapho ; p.40 : © Pascal Maitre/Cosmos ; p.45 : DR ; p.46 : © Eric Baccega ; p.48 : © Daniel Lainé/CORBIS ; p.50 : © Philippe Lissac/GODONG ; p.52 : © UNICEF ; p.54 : © Raymond Depardon/Magnum (détail) ; p.56 : © Jobard/Sipa ; p.59 : © Yasuhide Fumoto/Getty Images ; p.60 : © Vincent Moncorgè/LookatSciences ; p.62 : © Ajay Verma/Reuters ; p.66 : © Daniel Landes/Israel Sun-Rea ; p.68 : © Heinrich Volkel/Ostkreuz/Cosmos ; p.72 : © ALEX WONG/2010 Getty Images ; p.76 : © Pierre Kroll ; p.79 : © Patrick GUEDJ/RAPHO ; p.80 : © Catherine Jouan et Jeanne Rius/Jacana/Eyedea ; p.81 gauche : © Eric Lobo/Hoa Qui ; p.81 droite : © Xavier Desmier/Rapho ; p.82 haut : © Anup Shah/Eyedea ; p.82 bas : © Dia Contact/Sunset ; p.83, de gauche à droite : © Christine et Michel Denis-Huot/Jacana ; © Ardea/Sunset ; © Anup Shah/jacana/Eyedea ; © JUNIORS BILDARCHIV/SUNSET ; © Günter Klepke/Naturbild/Okapia/Bios ; © Roland & Sabrina Michaud/Rapho ; p.84 : © Laurent Weyl/Argos/Picturetank ; p.86 : © Jurnasyanto Sukarno/epa/Corbis ; p.89 : © NSIDC/NASA/NOVAPIX ; p.92 : © Claudius Thiriet/Eyedea ; p.93 : © Pallava Bagla/Corbis ; p. 94 : © Ariel Schalit/ASSOCIATED PRESS ; p.96 : © Michael Rastall/Plainpicture LP ; p.97 : © Doutreligne/Amnesty International ; p.98 gauche : © Pascal Deloche/Godong ; p.98 droite : © FACELLY/SIPA ; p.100 : © James LEYNSE/REA ; p.103 : ©Teake ZUIDEMA/HH-REA ; p.104 : © Jean Claude MOSCHETTI/REA ; p.106 : © Agence Idé pour l'association Max Havelaar France ; p.107 gauche : © G.M.B. AKASH/PANOS-REA ; p.107 droite : © Patrick Péron/Conservatoire Botanique National de Brest.

www.tallandier.fr www.arte.tv

Imprimé en France en septembre 2010
chez Aubin imprimeur, Poitiers.
ISBN : 978-2-84734-634-3

JEAN-CHRISTOPHE VICTOR
DOMINIQUE FOUCHARD CATHERINE BARICHNIKOFF

LE DESSOUS DES CARTES
ATLAS JUNIOR

arte ÉDITIONS
Tallandier

LETTRE AU JEUNE LECTEUR ...ET À SES PARENTS

« Tu vois, la seule chose qu'on est sûr de ne pas réussir est celle qu'on ne tente pas. »

Paul-Émile Victor

Cet atlas est né d'un *appétit* et d'une *envie.*

D'abord, *l'appétit.*

Ce monde est passionnant, enthousiasmant. Toujours à découvrir, constamment à renouveler, à réinventer, et à améliorer. À vous, jeunes lecteurs qui allez lire cet atlas, nous avons donc voulu vous parler, tôt, de géopolitique, avec trois objectifs :

– vous aider à faire du rangement dans les informations que vous recevez tous les jours, parfois sans le savoir, pour ne pas laisser toute la place aux images relayant des clichés trop répandus et souvent trop brutaux ;

– vous donner des outils pour *attraper* ce monde dans lequel vous vivez aujourd'hui, et vous inviter à y **agir le plus vite possible, sans attendre ni demain ni les autres ;**

– enfin, donner quelques idées aux futurs découvreurs, créateurs et entrepreneurs que vous serez peut-être. Car vous en aurez des chemins à trouver, et à forcer ! Alors oui, **vivez curieux**, explorez, défrichez, n'imitez pas. Et ne craignez pas ce que les autres peuvent penser.

Mais sachez-le : vous allez devoir rester volontaire et persévérant : car **ce monde est, aussi, très dur.**

La richesse mondiale est plus importante qu'il y a 20 ans ? La pauvreté a largement reculé en Asie ? C'est vrai. Et pourtant **cette richesse est de plus en plus mal répartie à travers le monde**. Dès lors, comment s'étonner que face à l'immobilité de cette richesse, les hommes se déplacent pour aller la trouver là où elle est ?

La démocratie a plus de place dans le monde qu'il y a 20 ans ? C'est vrai aussi. Alors, justement, comment rester indifférent lorsque l'on est le témoin du fait que des femmes et des hommes sont, aujourd'hui encore, emprisonnés ou frappés pour leurs idées, au seul motif qu'ils « pensent » différemment ?

Ensuite, *l'envie* :

Le « Dessous des Cartes » est un petit cours de géographie politique dispensé chaque semaine depuis 1991 sur Arte. En 2005, il est devenu un premier atlas, puis un second en 2007. À chaque fois, l'exercice a prouvé que l'on pouvait raconter un monde complexe avec des outils simples, sans être simplificateur. Juste en s'appuyant sur l'intelligence de chacun, téléspectateur ou lecteur.

Cependant, à maintes reprises ici, nous avons dû choisir entre l'esprit de nuance, afin de mieux refléter ce monde tel qu'il est, et la simplification pour être plus facilement compris.

Exemples : les notions de « pays riches » et de « pays pauvres » sont-elles encore adaptées ? Il y a de très riches Mexicains à Mexico, et de très pauvres dans le Chiapas ; il y a des multimillionnaires chinois dans le Fu-Jian, et des Français très pauvres à Paris.

Notre monde a-t-il un « Nord » et un « Sud » ? Dans les négociations sur le climat, si complexes, **la Chine est encore rangée parmi les pays du Sud,** et les États-Unis parmi ceux du Nord. Or, les Chinois sont devenus en 2010 les premiers émetteurs de Co_2, devant les Américains pour qui justement la Chine fabrique une grande part des biens de consommation qu'ils importent.

Nord, Sud, riche, pauvre : ces termes si courants sont désormais trop simples car la géographie se voit contournée par nos économies, par les mobilités et les migrations, et bien sûr, par **les mondialisations qui, vous le verrez, sont loin d'être toutes… mondiales.**

Nous pensons que toutes les questions, même difficiles, peuvent trouver un début de réponse. **Non, être jeune n'est en rien un obstacle pour comprendre**. Le savoir se construit peu à peu, par couches successives, par sédimentation. C'est pourquoi nous avons fait en sorte que vous puissiez lire cet atlas au gré de votre curiosité, de votre humeur ou de vos besoins, avec un glossaire en fin d'ouvrage.

Ce livre se veut résolument confiant, dans votre capacité, dans votre inventivité. **Il s'insurge contre l'idée que quiconque serait trop « petit » face au monde,** impuissant à le changer. Il se veut un premier pas vers la découverte de son organisation, de ses acteurs, des défis qu'il soulève et que vous saurez très bien relever.

Cher lecteur, ce monde dans lequel tu entres va te résister, par son ampleur, sa complexité, ses injustices et sa brutalité. Mais sache que **rien n'est écrit** : c'est à toi de voir, de vouloir, de rêver, c'est toi qui inventes, qui décides.

JEAN-CHRISTOPHE VICTOR,
CATHERINE BARICHNIKOFF, DOMINIQUE FOUCHARD

« Mon héros est l'homme qui découvre. Car les mots terra incognita *– territoire inconnu – sont les plus prometteurs que l'on ait jamais écrits sur les cartes de la connaissance humaine. »*

Daniel Boorstin

SOMMAIRE

UN MONDE À LA CARTE

UNE PLANÈTE ET DES HOMMES

UN MONDE INÉGAL

UN MONDE EN ÉQUILIBRE ?

UN MONDE ET DES HOMMES À RESPECTER

UN MONDE À IMAGINER

UN MONDE À LA CARTE

LA GÉOGRAPHIE, COMMENT ÇA MARCHE ?

Pour se repérer sur la Terre, le géographe dispose d'une boîte à outils. Ces outils lui permettent de localiser les lieux qu'il analyse. Ainsi, le globe est quadrillé par des lignes imaginaires qui déterminent la situation précise d'un point sur terre. Deux lignes sont importantes : l'équateur qui divise horizontalement la Terre en deux parties égales, les hémisphères Nord et Sud. Et le méridien de Greenwich, demi-cercle vertical, à partir duquel on calcule « le temps mondial ».

Les apparences sont trompeuses, le Soleil paraît tourner autour de la Terre alors que c'est l'inverse. La Terre est sphérique et tourne sur elle-même en 24 heures : résultat, il y a alternance des jours et des nuits. Pour simplifier, on ne retient que les heures de certains méridiens.

Pour représenter l'ensemble du globe sur une feuille de papier, on utilise de complexes calculs géométriques. Ils aboutissent à des projections plates qui toutes déforment une réalité ronde.

Une rose des vents pour ne pas perdre le nord
Sur les boussoles, l'aiguille aimantée indique le nord magnétique. Sur les cartes, par convention, c'est-à-dire décidé une fois pour toutes, le nord est en haut, le sud en bas, l'ouest à gauche et l'est à droite.

Le saviez-vous ?

Pour représenter un espace peu étendu comme une ville, on parle de grandes échelles (carte au 1/25 000). Pour représenter un espace très vaste comme un pays, on parle de petites échelles (carte au 1/250 000).

« Quand j'étais petit garçon j'avais une passion pour les cartes […] et je me perdais dans toute la gloire de l'exploration. »

Joseph Conrad

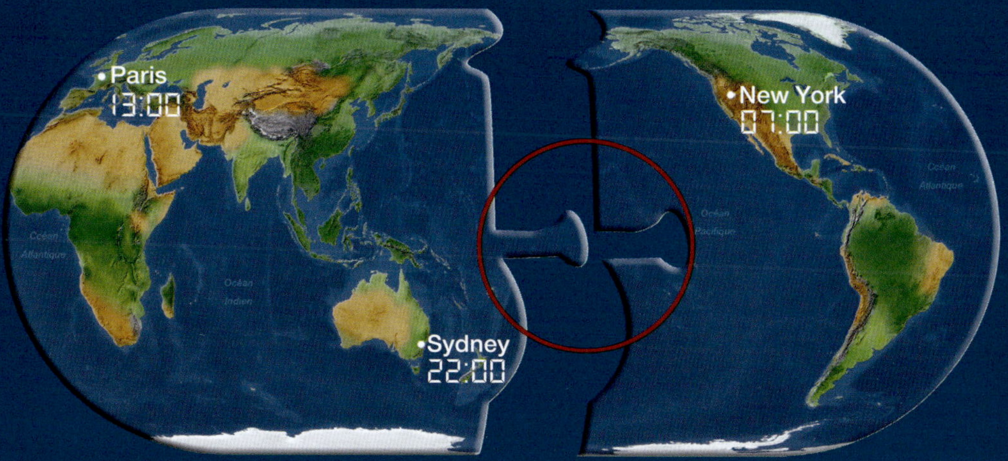

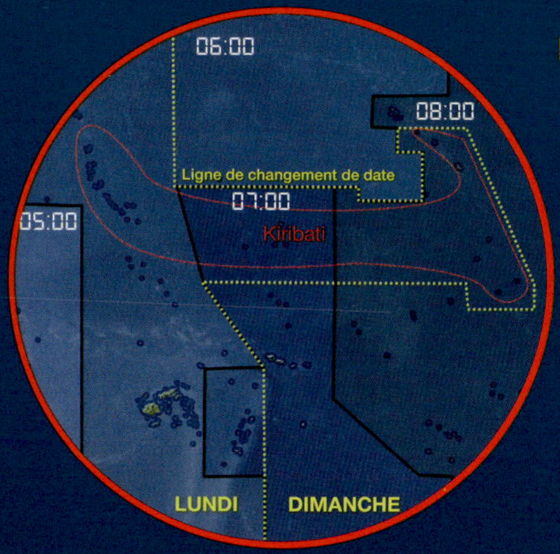

Lorsqu'on se lève à New York, on s'endort à Sydney

On change de jour en plein océan Pacifique. En voyageant vers l'est, on rajeunit d'un jour. Jusqu'à récemment, l'archipel des îles Kiribati était coupé en deux par la ligne de changement de date. Selon l'île où l'on se trouvait, ce n'était pas le même jour ! En 1995, la ligne a été déplacée afin de contourner l'archipel et de mettre tous les habitants dans la même journée.

Un observatoire royal nous donne l'heure

Avant la fin du XIXe siècle, chaque ville du monde avait son heure locale. La nécessité d'adopter une heure universelle devint impérative après le développement du chemin de fer. C'est en 1884 que Greenwich, où se situait l'Observatoire astronomique de Londres, fut choisi comme méridien d'origine – méridien de longitude 0° 0' 0". On put alors attribuer une heure à chaque point du globe en fonction de sa distance, est ou ouest, par rapport à cette ligne.

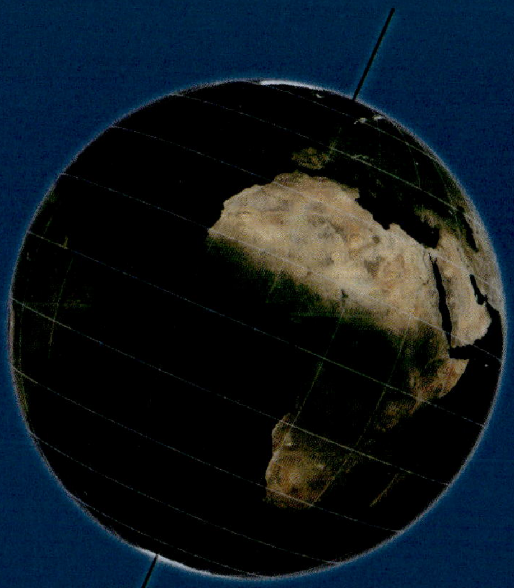

La Terre est ronde... la carte est plate

Pour voir d'un seul coup d'œil toute la Terre, il faut la dérouler.
Pour la dessiner entière sur une feuille, il faut rendre plat ce qui est sphérique.
La forme des continents et des océans s'en trouve forcément modifiée.

L'HISTOIRE NOUS PORTE

Des frontières et des murs de toutes sortes ont toujours été dressés entre les hommes, il n'est donc pas inutile de rappeler leurs origines communes.

Les migrations de nos ancêtres africains sont à l'origine du peuplement de la terre. C'est en effet grâce aux déplacements des hommes qui ont dû s'adapter aux changements des milieux dans lesquels ils évoluaient, que la terre s'est peuplée. On pense aujourd'hui que le moteur qui a provoqué ces migrations était le besoin de nouveaux territoires à exploiter pour pouvoir survivre.

La croissance démographique, la diminution des ressources alimentaires et les changements climatiques ont obligé les premiers hommes à se déployer sur terre à partir du foyer africain. Les études sur l'ADN et les recherches de la paléontologie, par exemple sur les fossiles, confirment l'existence de ce berceau originel en Afrique, à partir duquel l'homme s'est dispersé sur tous les continents.

Les déplacements ont certainement été le fait de petits groupes et sur de courtes distances. Au cours de la longue période de la préhistoire, il aura suffi qu'ils se déplacent de 300 mètres en moyenne par an pour que l'ensemble de la terre soit peuplé.

Lucy, petite taille mais grande découverte

En 1974, des chercheurs découvrent en Éthiopie les restes d'un squelette datant d'environ 3,2 millions d'années. Prénommée Lucy par les chercheurs qui écoutaient une chanson des Beatles quand ils l'ont découverte, elle mesurait environ 1 mètre, pesait 30 kilos et avait 20 ans. À ce jour, ce sont les restes les plus complets du plus vieil ancêtre australopithèque adulte ayant marché sur ses deux pieds.

Le saviez-vous ?

Les chimpanzés et les bonobos sont nos très vieux cousins.
Nous partageons plus de 95 % de nos gènes avec le chimpanzé. Notre dernier ancêtre commun a vécu il y a 6 à 7 millions d'années !

« Le passé n'est pas mort ; il n'est même pas passé. »

William Faulkner

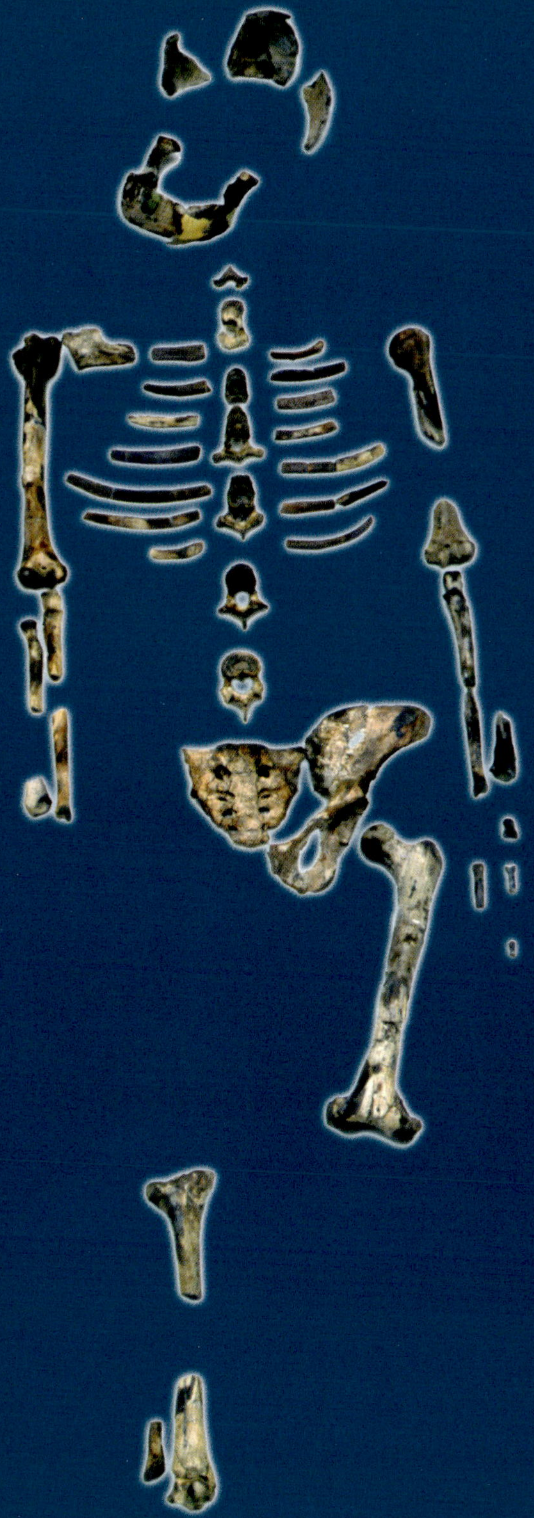

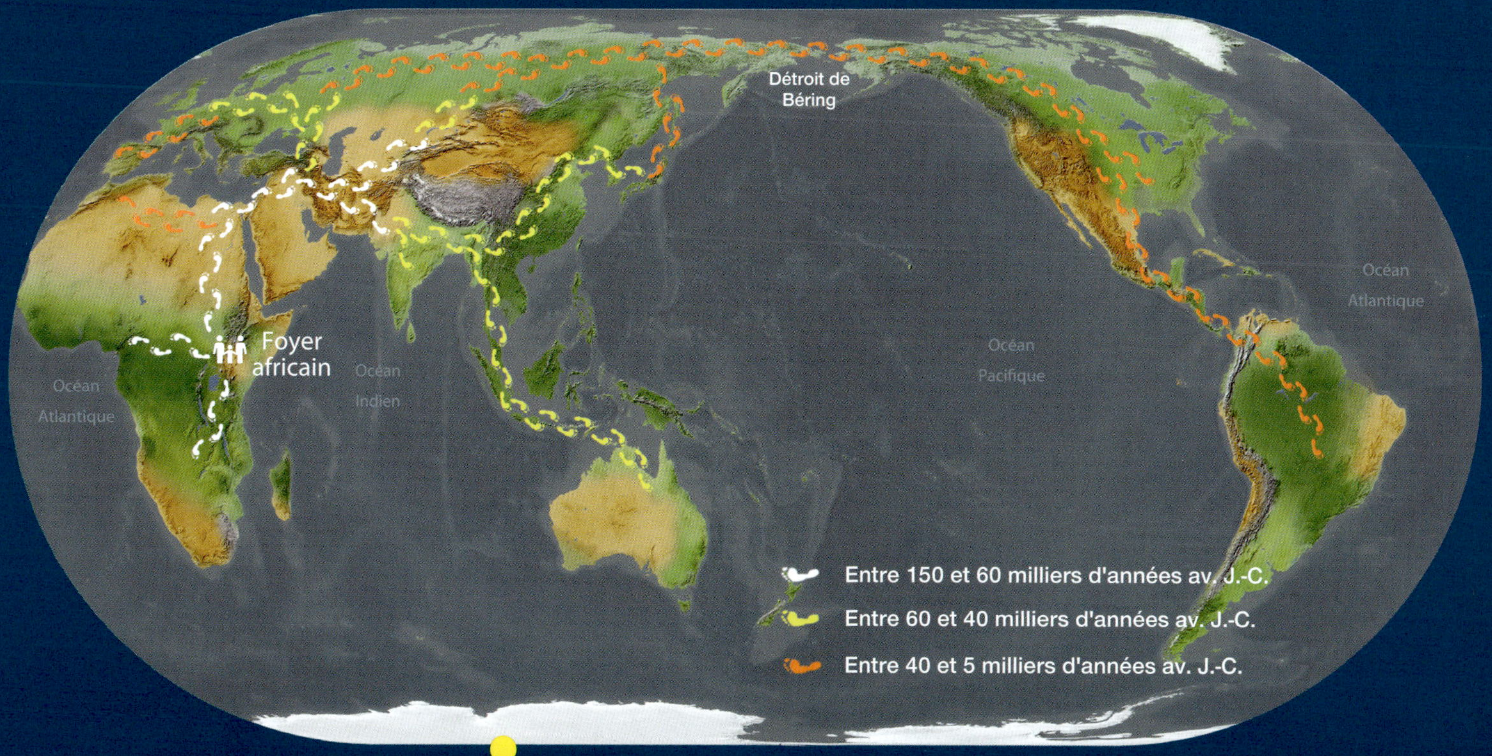

Notre ancêtre commun est apparu en Afrique

L'homme moderne, *Homo sapiens*, est apparu il y a plus de 200 000 ans en Afrique. Le genre humain se déploie ensuite sur le continent eurasiatique, en passant par le Moyen-Orient. Pendant la glaciation, vers 20 000 avant notre ère, la baisse du niveau des mers a permis le passage des hommes par le détroit de Béring et le peuplement des Amériques.

L'histoire de l'homme est celle d'une longue adaptation

Yves Coppens, paléontologue, explique que l'histoire de l'homme et de ses transformations est celle d'une adaptation permanente aux milieux dans lesquels il évolue. Il y a 10 millions d'années, l'homme s'est différencié des grands singes africains. Il y a 3 millions d'années, le climat devient plus sec, les végétaux sont plus rares, l'homme se met à manger de la viande, il devient chasseur. Les hommes changent, deviennent plus nombreux et plus mobiles. Ils commencent alors à se déplacer et à peupler la terre.

DES CARTES POUR S'APPROPRIER LE

Très tôt les hommes ont cherché à représenter le monde qui les entoure et à imaginer les terres lointaines que l'œil ne pouvait pas voir. La plus ancienne représentation du monde retrouvée est une carte mésopotamienne du VIIe siècle avant notre ère, gravée sur une tablette d'argile.

Durant l'Antiquité, les savants, comme le Grec Ératosthène, utilisent les connaissances mathématiques et les récits des voyageurs pour dresser une carte du monde connu moins influencée par la mythologie et l'imaginaire. Avec la période romaine, la carte prend une dimension plus politique. Les topographes accompagnent les légions pour dresser des cartes destinées à aider les armées. Au Moyen Âge, avec le développement du commerce et les grandes découvertes, la cartographie s'enrichit de ces découvertes géographiques, et les premiers atlas font leur apparition. Sous l'impulsion des États qui veulent s'étendre et marquer le territoire qu'ils dominent, la carte devient un outil de pouvoir.

Les cartes ne sont pas, comme on pourrait le croire, une représentation de la réalité, une traduction objective du monde. Chaque culture représente le monde de son point de vue et le cartographe fait des choix dans ce qu'il veut représenter.

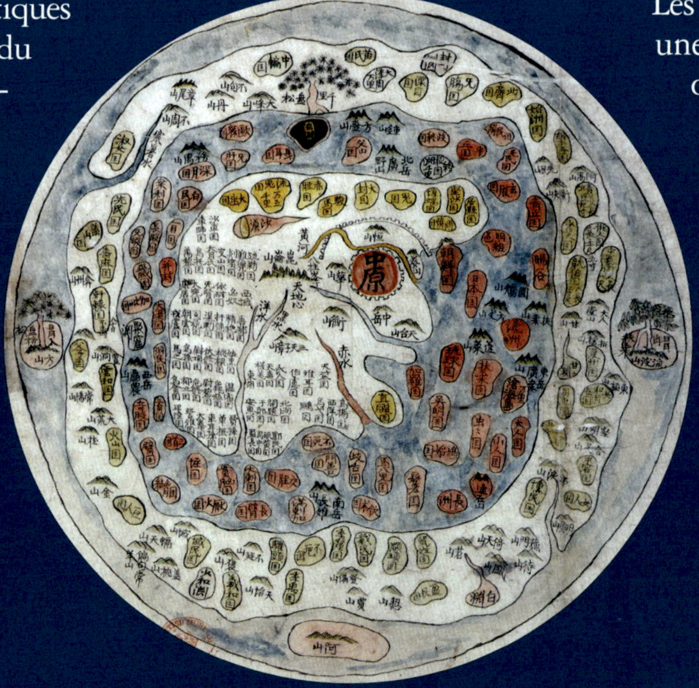

L'Empire du Milieu et le monde qui l'entoure
Comme le montre cette carte chinoise du XVe siècle, chaque culture se place au centre de la carte et observe le reste du monde de son point de vue. Le savoir-faire cartographique chinois est très ancien. Les Chinois dressent des cartes précises de leur empire et enrichissent leurs connaissances grâce aux voyages autour de cet « Empire du Milieu ».

Le saviez-vous ?

Les Titans ayant perdu la guerre contre les dieux de l'Olympe, Zeus condamna Atlas à porter sur ses épaules la voûte céleste pour l'éternité. Au XVIe siècle, le premier ouvrage publié réunissant des cartes du monde fut appelé atlas en référence à ce personnage de la mythologie grecque.

MONDE

*« Je caresse la mappemonde
Jusqu'à ce que sous mes longs doigts
Naissent des montagnes, des bois. »*
Jules Supervielle

La mappemonde d'Al-Idrisi : 18 ans d'enquête

Au XIe siècle, la cartographie arabe est florissante. Le géographe arabe Al-Idrisi consulte les livres de géographie, vérifie ses informations auprès des savants et des voyageurs, puis envoie des hommes comparer sur le terrain. Comme le font les géographes arabes de l'époque, Al-Idrisi place le sud en haut de la carte.

L'œkoumène d'Ératosthène

Au IIIe siècle avant notre ère, grâce aux récits des navigateurs et à ses propres observations scientifiques, Ératosthène dresse la carte du monde habité tel qu'il est alors connu des Grecs, « l'œkoumène ». Les contours de la Méditerranée sont bien repérés, Ératosthène supposant que de l'autre côté de la Terre existe un continent inconnu qu'il nomme « Antipodes ».

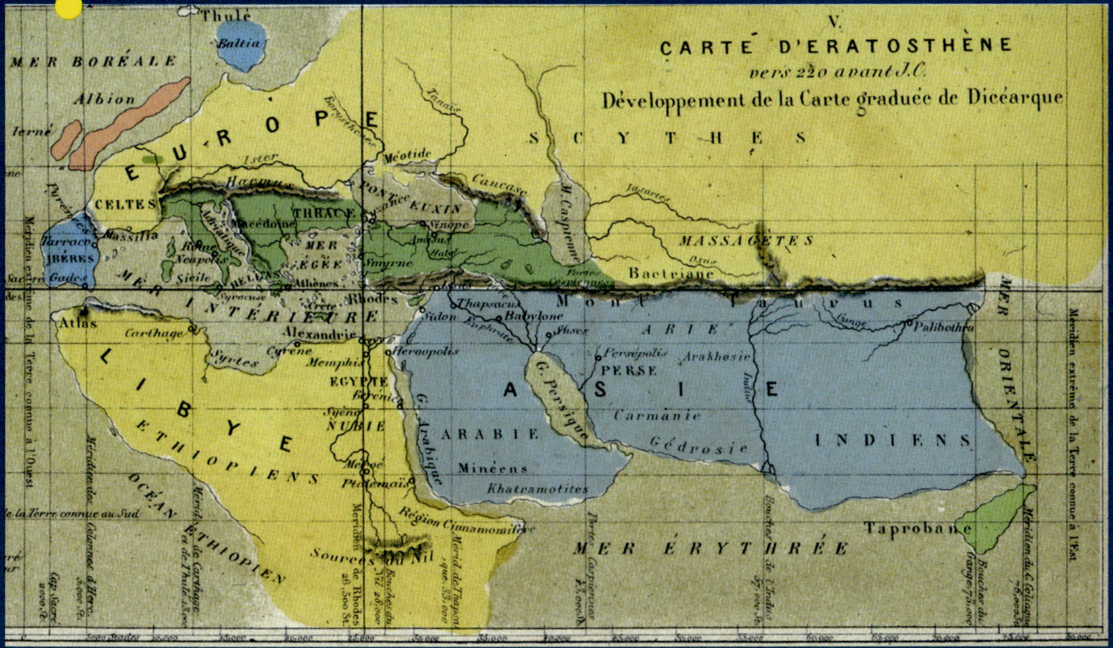

LES CARTES DES AUTRES

Les cartes répondent au besoin de comprendre le monde et au désir de mieux le connaître. Elles sont utiles car elles permettent d'embrasser d'un seul coup d'œil un espace que nous ne pourrions pas concevoir autrement. Mais les cartes ne sont pas la réalité, elles ne sont pas neutres et expriment une vision du monde.

Observer les cartes des autres et la façon dont les autres civilisations se représentent la planète, c'est enrichir son regard, mieux connaître et comprendre ceux qui vivent ailleurs, et donc mieux se connaître soi-même. La lecture d'une carte exige de l'attention pour repérer les choix qui ont été faits, volontairement ou non, par son auteur et pour saisir le message qu'il y fait passer. Ainsi, les choix de projection révèlent souvent l'origine géographique de l'auteur d'une carte.

La Terre étant une sphère, on ne peut pas la représenter sur un plan en respectant parfaitement les superficies, les distances, les angles. Le cartographe fait donc un choix et privilégie certains espaces, comme Mercator qui donne au Nord et au Sud une place démesurée. De plus, chaque peuple a tendance à se penser au centre du monde et se représente donc volontiers au centre de la carte. Il y a d'ailleurs autant de « centres » que de personnes, et le savoir rend moins orgueilleux !

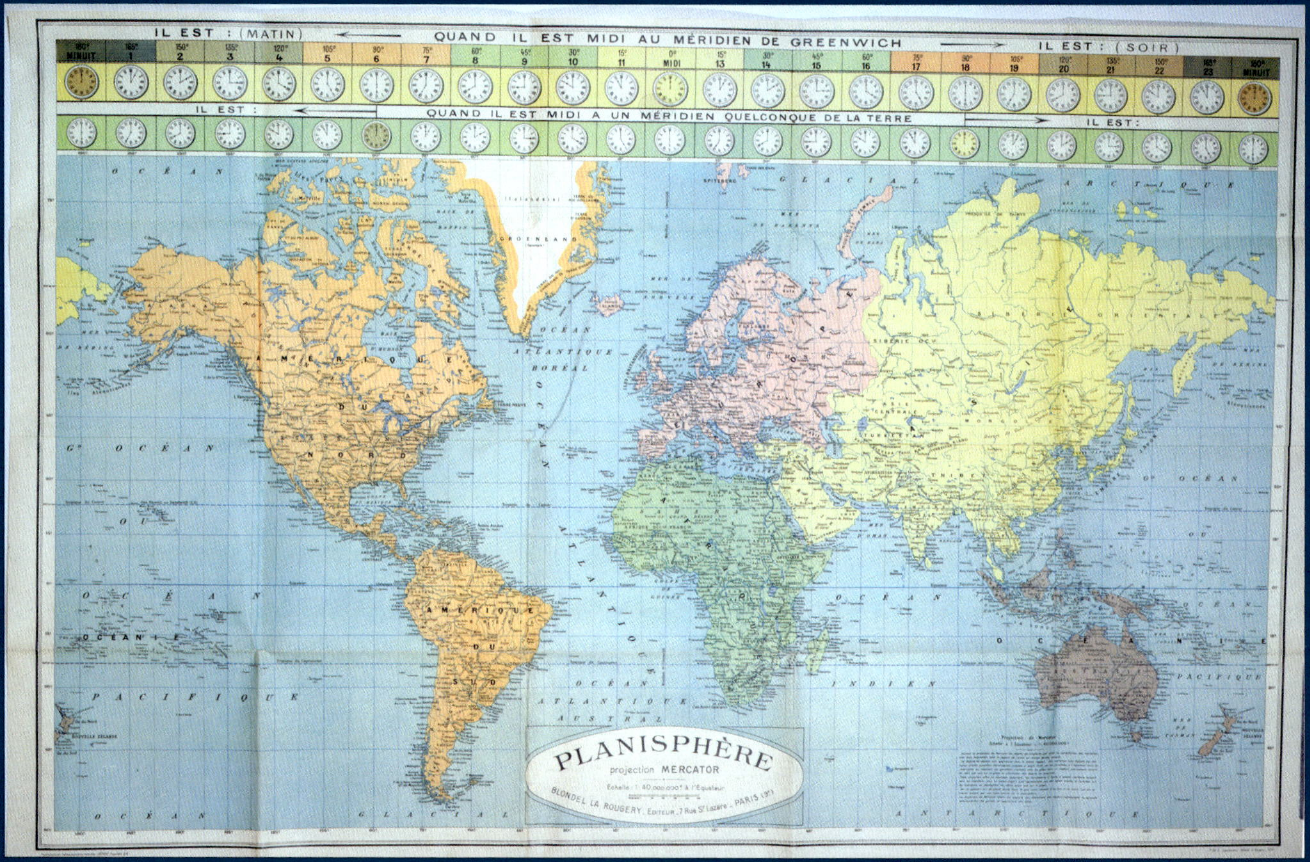

Le monde vu d'Europe, des territoires du Nord surdimensionnés

Cette carte de Mercator, mathématicien-géographe néerlandais du XVIe siècle, est encore utilisée de nos jours. Pourtant, elle donne une fausse image du globe en grossissant les terres à mesure que l'on s'approche des pôles. Mise au point par et pour les navigateurs du Nord, les territoires du Nord, tout comme le continent antarctique que l'on commence à concevoir, apparaissent plus grands sur les cartes qu'ils ne le sont dans la réalité, et l'Europe est au centre.

« Celui qui était loin, tu l'as ramené proche et tu as fait un frère de l'étranger. »

Rabindranath Tagore

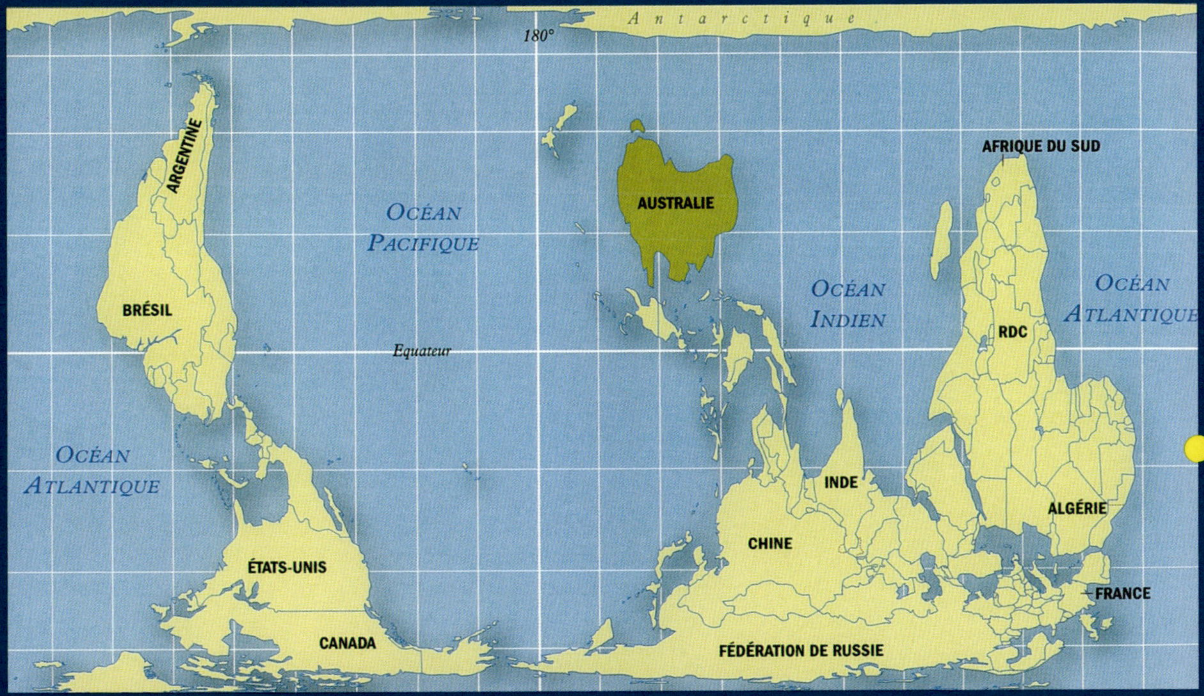

Le saviez-vous ?

Les antipodes de la France, c'est-à-dire les points diamétralement opposés sur le globe, se trouvent pour la plus grande partie en plein océan Pacifique. Si l'on creusait la terre verticalement depuis le parc national des Cévennes, on aboutirait aux îles Chatham, dans l'archipel de Nouvelle-Zélande.

Le monde vu d'Australie, une vision inversée du monde ?

Cette carte que l'on trouve dans des atlas australiens surprend notre regard habitué à voir le monde dans l'autre sens ! Avec cette projection, nous voilà immédiatement attirés vers l'Australie, qui se retrouve au centre et « en haut » de la carte c'est-à-dire pour une fois au nord. Avoir placé le nord en haut de la carte est une convention qui a été décidée par des navigateurs et explorateurs partis d'Europe, c'est-à-dire… du Nord.

Le monde vu du Japon, place à l'océan

Cette représentation fait apparaître deux fois le continent américain. Elle met ainsi en évidence ce qui est essentiel aux yeux des Japonais dans leur représentation de la planète : le Japon au centre et l'importance de l'océan Pacifique pour cet archipel. On y voit également la localisation du pays sur les grandes fosses sous-marines, ce qui explique la fréquence des tremblements de terre.

UN MONDE CONNECTÉ, VRAIMENT ?

Chaque jour, sur le Net, plus d'un milliard de personnes échangent des données, discutent, s'informent, jouent et font des achats. L'Internet, mis au point aux États-Unis en 1972, a connu un développement spectaculaire depuis la fin des années 1980. La diffusion de cette technologie a entraîné une transformation radicale de la transmission des informations, a modifié les façons de communiquer entre les gens et a fait évoluer l'économie mondiale.

Mais l'accès au réseau est très inégal tant à l'échelle mondiale qu'entre les personnes d'un même pays. Il révèle et accentue les inégalités de richesse, au point qu'on parle aujourd'hui d'ailleurs de fracture numérique pour évoquer le fossé entre ceux qui peuvent se connecter et les autres.

La maîtrise du cyberespace provoque des rivalités et parfois des tensions importantes. Les États autoritaires y voient un risque de contestation de leur pouvoir, cherchent à contrôler ces échanges et à empêcher les gens de s'y exprimer librement. L'utilisation de ce formidable outil de communication et de transmission des connaissances nécessite beaucoup d'attention et de vigilance, car les informations qui circulent sont souvent peu vérifiées et pas toujours fiables.

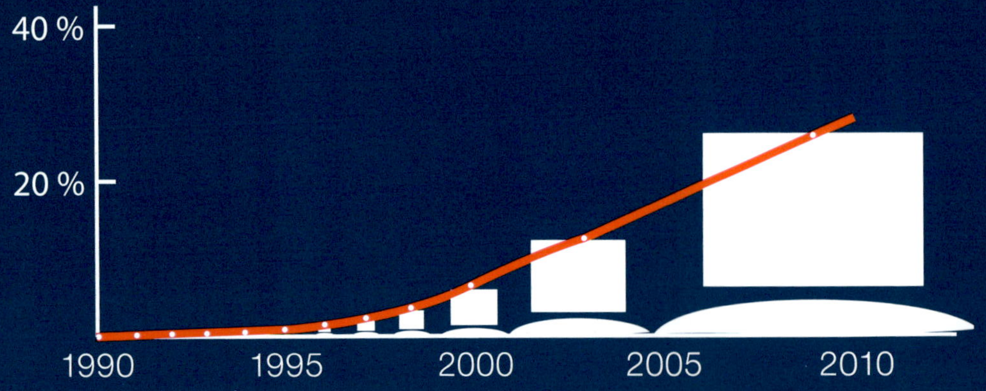

De plus en plus d'internautes dans le monde

Un quart de la population mondiale est connecté à Internet, soit environ 1,8 milliard de personnes en 2010. Depuis 1988, le nombre d'internautes augmente de manière considérable chaque année. Mais la moyenne mondiale cache des inégalités très importantes entre les populations.

« Est-ce que la terre a diminué, par hasard ? Sans doute [...] puisqu'on la parcourt maintenant dix fois plus vite qu'il y a cent ans. » Jules Verne

Le saviez-vous ?

Les mots se moquent des distances ! Au IIe siècle, une lettre mettait environ 18 jours pour aller, à cheval, de Paris à Marseille. Au XIXe siècle, en train, il lui fallait 14 heures. Aujourd'hui, par Internet, 4 secondes suffisent.

Des États ennemis d'Internet

D'après Reporters sans frontières, de plus en plus de pays cherchent à contrôler les informations circulant sur Internet. En 2009, 60 pays ont exercé une censure du Web, soit deux fois plus qu'en 2008. Cent vingt internautes sont en prison pour s'être exprimés librement en ligne. Les pays qui ont emprisonné le plus de net-citoyens sont la Chine, le Vietnam et l'Iran. En Chine, une cyberpolice, constituée de 40 000 membres du parti communiste chinois, surveille les cybercafés, les messageries privées, bloque l'accès aux sites jugés dangereux pour le pouvoir, filtre les informations et utilise le Net pour faire de la propagande en faveur du régime.

Un monde inégalement connecté à Internet

La représentation des flux d'échanges Internet révèle les inégalités d'accès à ce réseau dans le monde. La circulation de données est importante en Europe, en Amérique du Nord, au Japon, sur la côte est de l'Australie et entre ces ensembles. Les habitants des pays émergents se connectent de plus en plus. En revanche, les populations des pays pauvres qui ne peuvent pas payer l'équipement nécessaire ou qui n'ont pas l'électricité pour y accéder sont beaucoup moins connectées.

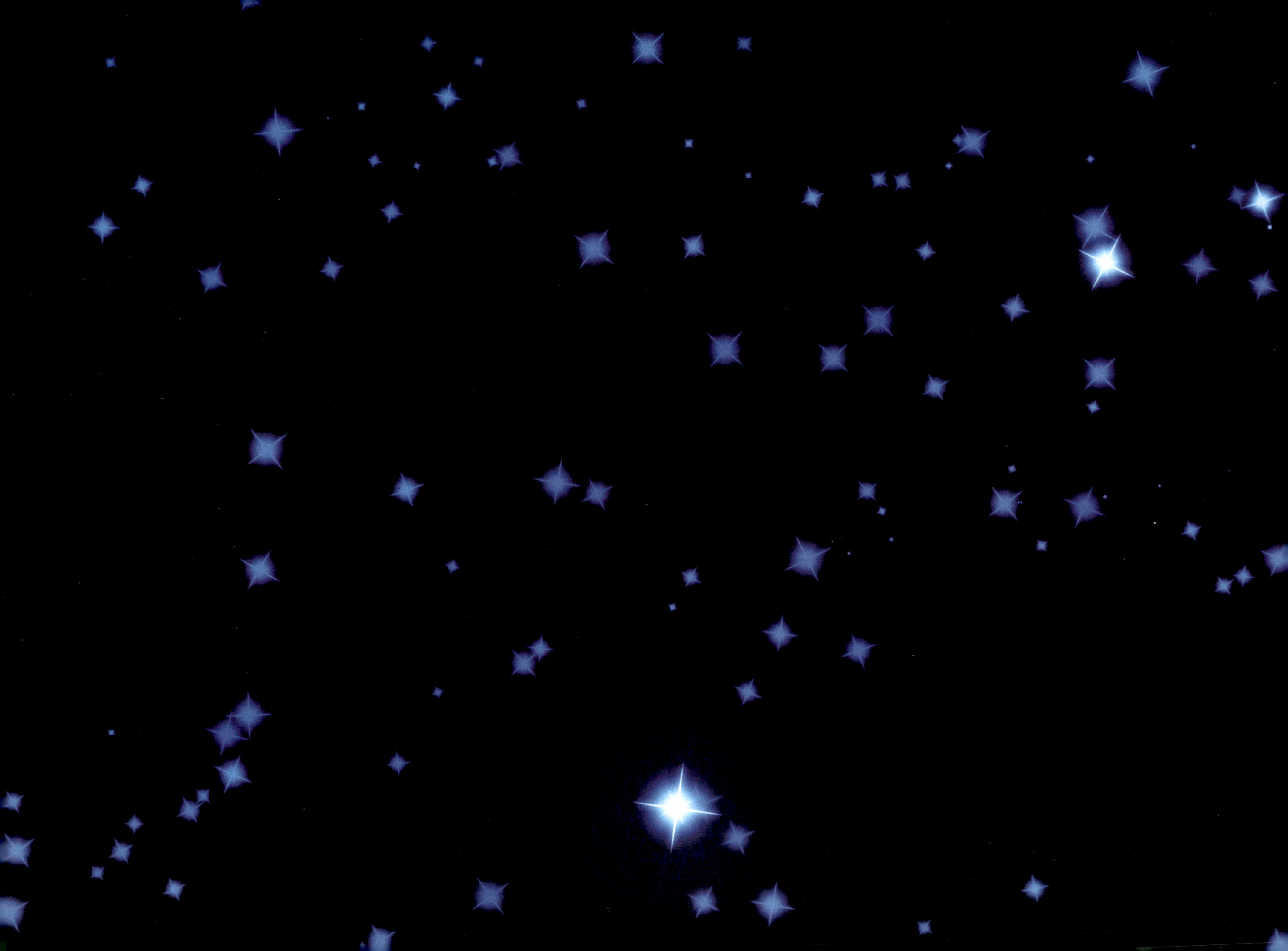

UNE PLANÈTE ET DES HOMMES

7 MILLIARDS D'HOMMES, LE JEUDI 3 MAI 2012 À 7 H 02

L'humanité a connu plusieurs périodes de poussées démographiques au cours desquelles le nombre d'hommes sur la terre a augmenté. Mais le rythme d'accroissement qu'a connu le XXe siècle, sans précédent dans l'histoire de l'humanité, ne se reproduira pas au XXIe siècle : les démographes prévoient que nous passerons de 6,8 milliards d'hommes en 2011 à 9,2 milliards en 2050. Puis la population se stabilisera aux alentours de 10 milliards au siècle suivant car la natalité mondiale a déjà commencé à baisser.

Les hommes sont de plus en plus concentrés sur les littoraux : ceux-ci permettent de se nourrir grâce à la pêche et offrent souvent plus d'emplois, car là se développent les grands ports et des villes géantes. Mais cette concentration pose de graves problèmes environnementaux (pollution par exemple) et sociaux. Par ailleurs, le fossé qui sépare pays riches et pays pauvres est déjà considérable aujourd'hui puisqu'environ 20 % de la population mondiale consomme aux alentours de 80 % de la richesse produite dans le monde.

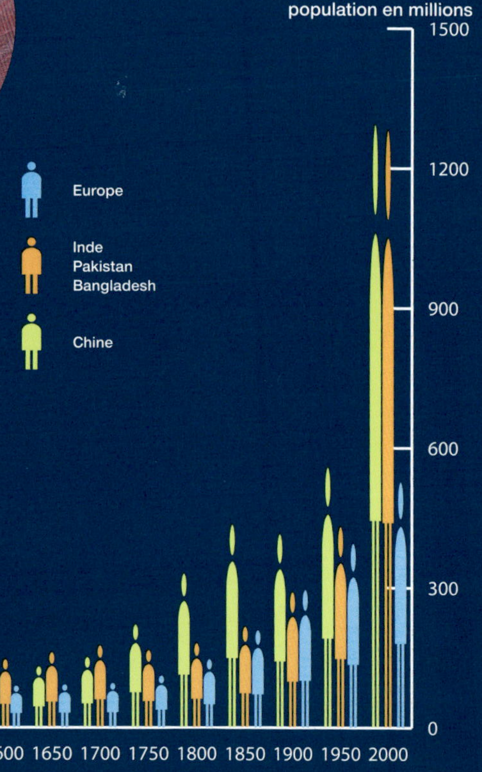

Un accroissement spectaculaire de la population mondiale au XXe siècle

Il a fallu plusieurs centaines de milliers d'années pour atteindre le premier milliard d'hommes sur terre. Ce fut en 1800. Puis cent ans auront suffi au XXe siècle pour voir la population augmenter de 4 milliards. Une natalité forte et l'amélioration de l'hygiène entraînant une baisse de la mortalité, expliquent cet accroissement spectaculaire, qui ne se reproduira pas au XXIe siècle.

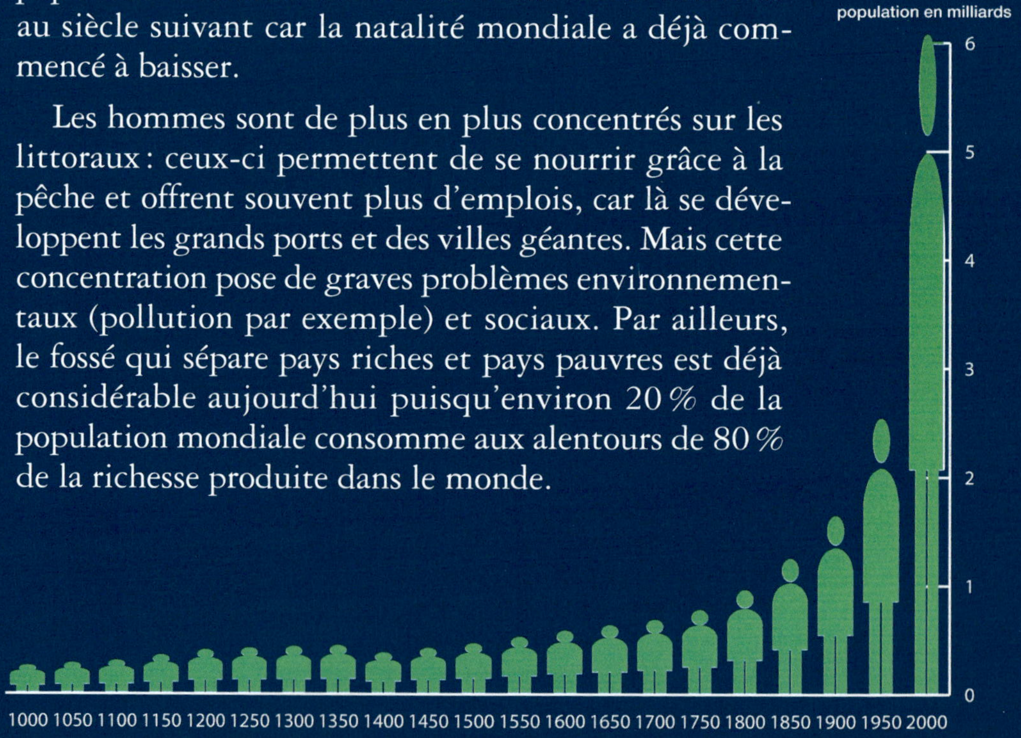

« Sous les fleurs de cerisier grouille et fourmille l'humanité. »

Kobayashi Issa

Comment sait-on combien nous sommes sur terre ?

Pour connaître le nombre d'individus vivant sur terre, il n'y a qu'un seul moyen, compter les habitants, en interrogeant dans chaque pays, toutes les familles : c'est ce qu'on appelle le recensement. Mais la fiabilité des recensements est variable d'un pays à l'autre car les obstacles sont nombreux. Dans certains pays, la guerre, l'analphabétisme ou simplement l'absence de routes empêchent de mener à bien l'opération. Dans d'autres, certaines personnes refusent de répondre aux questions de peur que les informations fournies soient utilisées contre elles pour des raisons politiques ou religieuses, ou parce qu'elles craignent d'être expulsées du pays.

Une répartition contrastée de la population mondiale

La répartition des 6,8 milliards d'hommes à la surface de la terre est très inégale : tandis que la moitié des terres émergées est quasiment vide de peuplement, une personne sur trois vit dans deux pays, la Chine et l'Inde. Par ailleurs, les espaces les plus densément peuplés se trouvent sur les littoraux qui attirent une population toujours plus nombreuse.

Le saviez-vous ?

Si l'on admet qu'il vous a fallu 10 minutes pour lire cette page, la population mondiale a, pendant ce temps, augmenté de 1 509 personnes.

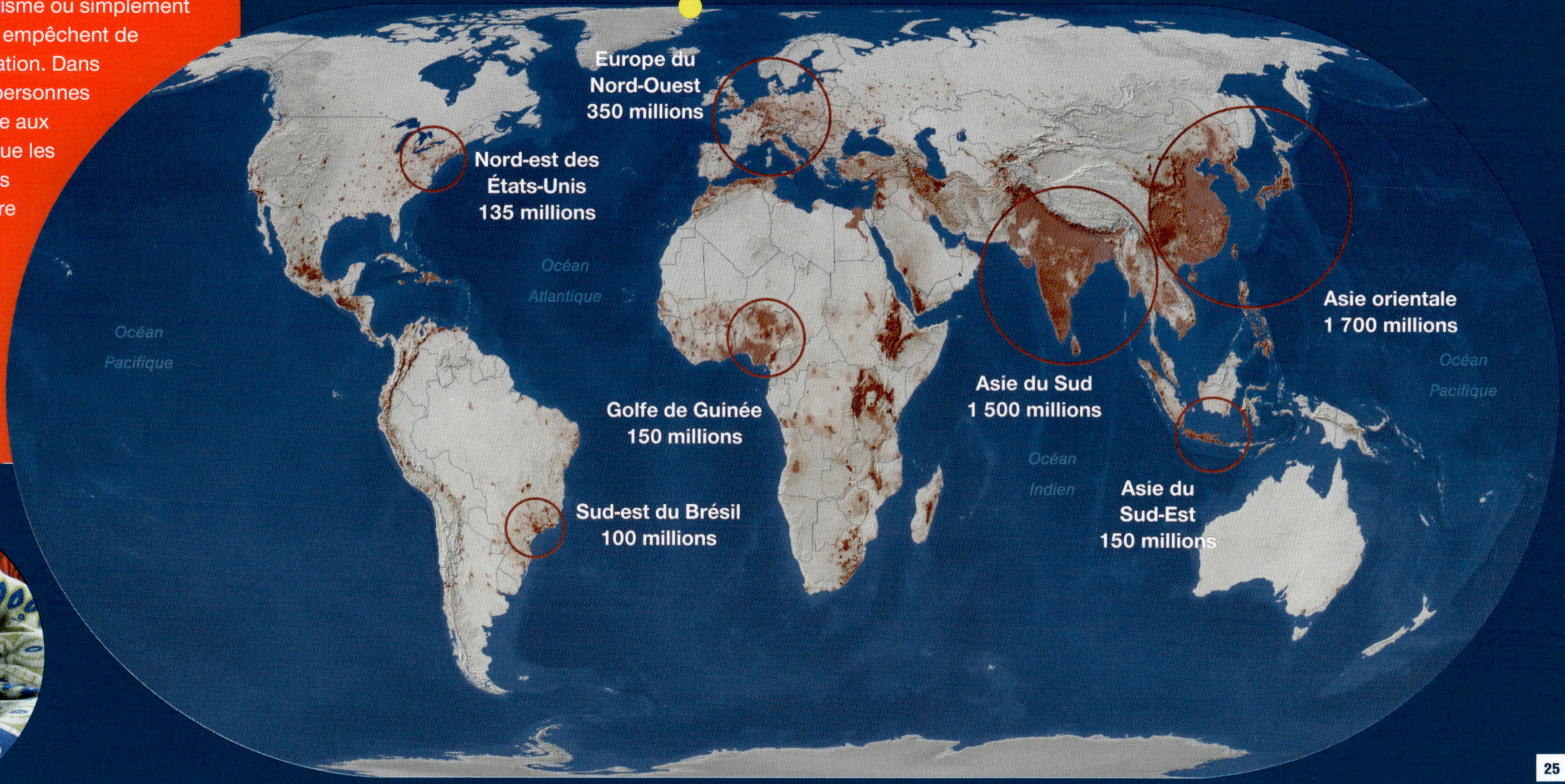

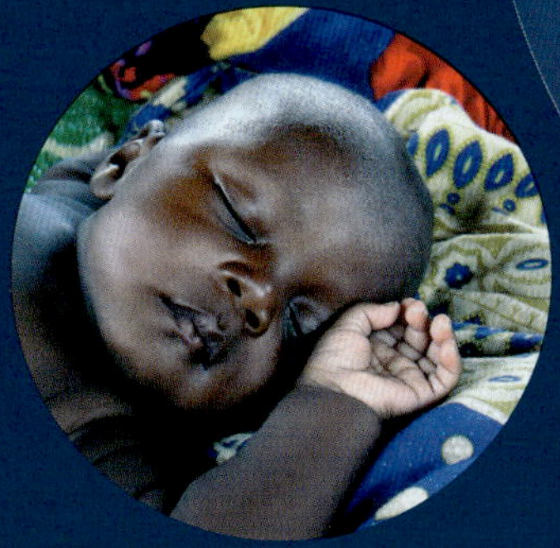

Le nombre important d'enfants dans cette classe au Cameroun et le peu de matériel dont ils disposent pour apprendre illustrent la difficulté de scolariser dans de bonnes conditions les enfants des pays pauvres. Plus que la forte proportion d'enfants dans un pays, c'est bien le manque de moyens pour assurer l'avenir de ces jeunes qui pose problème.

LA POPULATION MONDIALE

En 2010, la part des moins de 15 ans sur terre est de 30 %. Mais cette moyenne cache des différences importantes. L'Afrique subsaharienne est la région du monde qui compte le plus de jeunes. Les démographes prévoient que la part des jeunes dans la population totale devrait baisser car le nombre d'enfants par femme diminue dans de nombreux pays.

Aujourd'hui, c'est dans les pays pauvres que l'on trouve la grande majorité des jeunes du monde, car la natalité y est élevée et la mortalité infantile a baissé. La forte croissance démographique est souvent considérée comme un handicap car les États doivent investir beaucoup d'argent dans le domaine de la santé, de l'école, de l'équipement des villes pour pouvoir assurer un avenir décent à leur population. Mais les difficultés économiques ou la façon dont les gouvernements organisent les dépenses empêchent souvent ces investissements indispensables pour sortir de la pauvreté. Certains États lancent des programmes de limitation des naissances pensant favoriser le développement économique. Toutefois, le rapport entre croissance démographique et développement économique n'est pas aussi simple car une population jeune et nombreuse peut aussi être un atout.

L'inégale proportion des jeunes dans le monde pose avant tout la question des inégalités de répartition de richesse à l'échelle mondiale et celle des choix faits dans le pays pour le développement des écoles et des universités.

« La jeunesse montre l'homme comme le matin montre le jour. »

John Milton

N'A JAMAIS ÉTÉ AUSSI JEUNE...

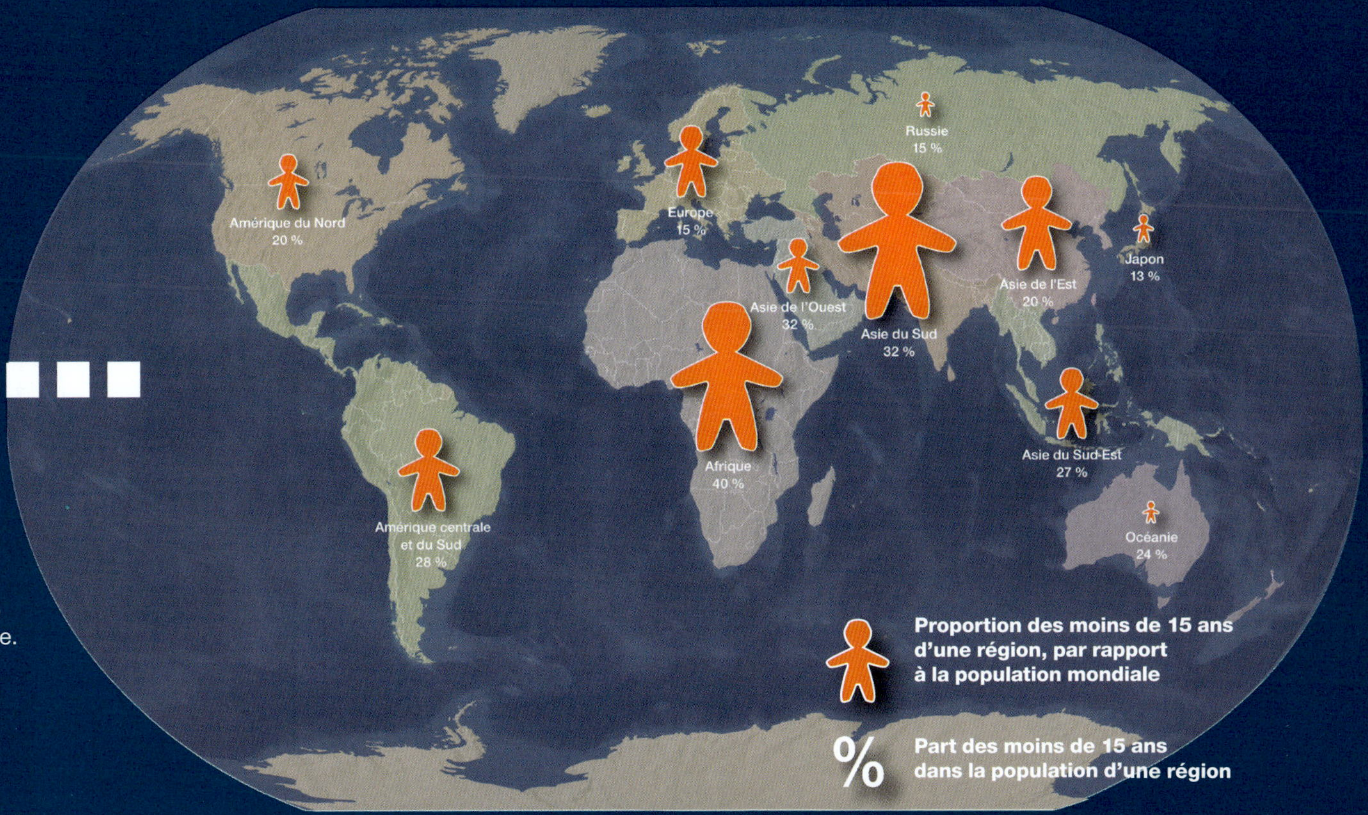

Les moins de 15 ans dans le monde

La part des jeunes de moins de 15 ans dans la population totale est très différente selon les régions du monde. Leur proportion atteint 15 % en Europe, alors qu'elle est de 40 % en Afrique, continent le plus « jeune » du monde.

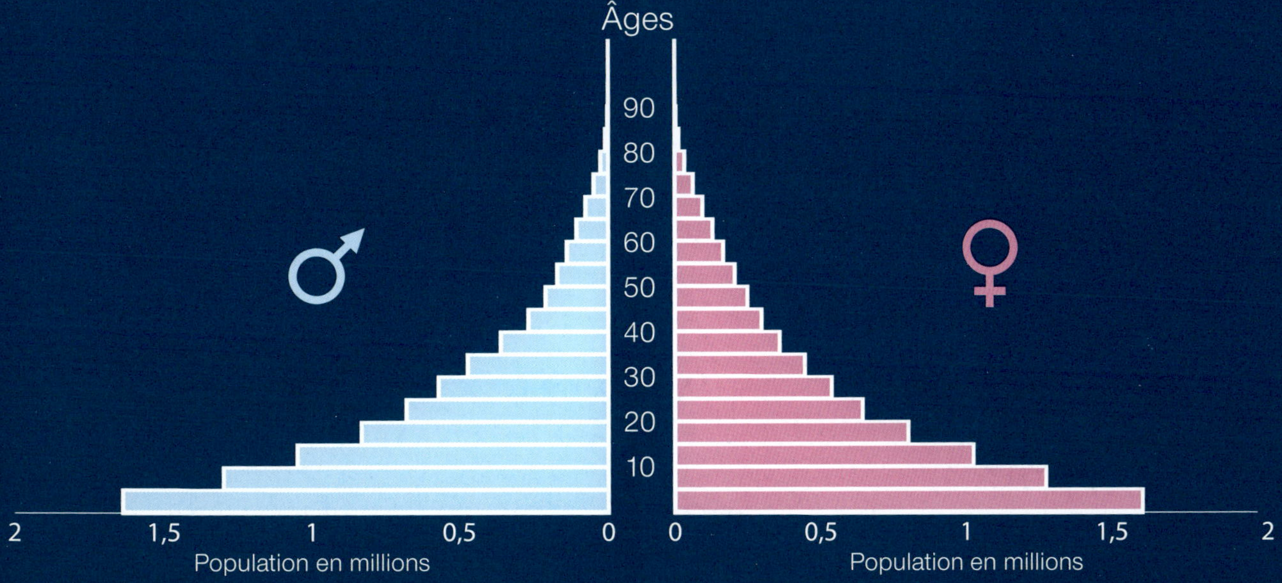

Le saviez-vous ?

L'Ouganda est le pays qui a l'indice de jeunesse le plus élevé, 49 % de sa population a moins de 15 ans.

La population du Niger en 2010

La pyramide des âges du Niger, avec sa base très large, est caractéristique des pays où la natalité est élevée tandis que la mortalité des jeunes enfants a diminué. Elle montre le nombre important de jeunes dans la société. Le sommet de la pyramide est fin et peu élevé, car l'espérance de vie est faible.

POURTANT LA POPULATION MONDIALE VIEILLIT

La tendance générale du monde est au vieillissement de la population. Cela signifie que la part des personnes âgées dans la population totale augmente et qu'elles vivent de plus en plus longtemps. Ce phénomène très net dans les pays riches va peu à peu toucher tous les pays du monde. On compte aujourd'hui plus de 650 millions de personnes de plus de 60 ans, soit 10 % de la population totale. L'ONU en prévoit 2 milliards en 2050 (21 % de la population), dont 8 sur 10 vivront dans les pays pauvres. On parle même de « boom du 4e âge » pour évoquer l'augmentation des plus de 80 ans car c'est le groupe de la population mondiale qui augmente le plus vite.

Cette évolution est positive car elle indique de meilleures conditions de vie. Les pays doivent se préparer à prendre en compte les besoins spécifiques de ces personnes et réfléchir à la place à leur faire dans la société. C'est à la fois une question de moyens financiers et d'imagination pour permettre aux différentes générations de bien vivre ensemble et de partager leurs expériences.

La tendance globale cache cependant des inégalités : si l'espérance de vie est de 82,2 ans au Japon, elle atteint à peine 40 ans dans certains pays d'Afrique et, aux États-Unis, les plus riches peuvent espérer vivre 20 ans de plus que les plus pauvres.

Le saviez-vous ?

On compte aujourd'hui 270 000 centenaires dans le monde. En 2050, d'après l'ONU, il pourrait y en avoir 5 millions et demi.

Quand les plus petits et les plus vieux se rencontrent, ça fait du bien à tous !

En France, des associations ont ouvert des lieux pour réunir des tout-petits en crèche et des personnes âgées vivant en maison de retraite. Ils partagent des ateliers communs de chorale, modelage, peinture... Ces rencontres sont bénéfiques pour tous. Elles brisent l'isolement des plus âgés et leur apportent un véritable souffle de vie. Les petits découvrent la vieillesse, profitent de l'expérience des anciens et apprennent à avoir un regard plus ouvert sur les autres et sur la différence.

« Un vieillard qui meurt, c'est une bibliothèque qui brûle. »

Amadou Hampâté Bâ

Les plus de 65 ans dans le monde

Au XXIe siècle, le vieillissement de la population est en cours dans tous les pays de la planète. La part des plus de 65 ans est très inégale selon les régions du monde. Le contraste est net entre les pays du Nord, qui vieillissent, et les pays du Sud, qui ont encore une part faible de personnes âgées dans leur population.

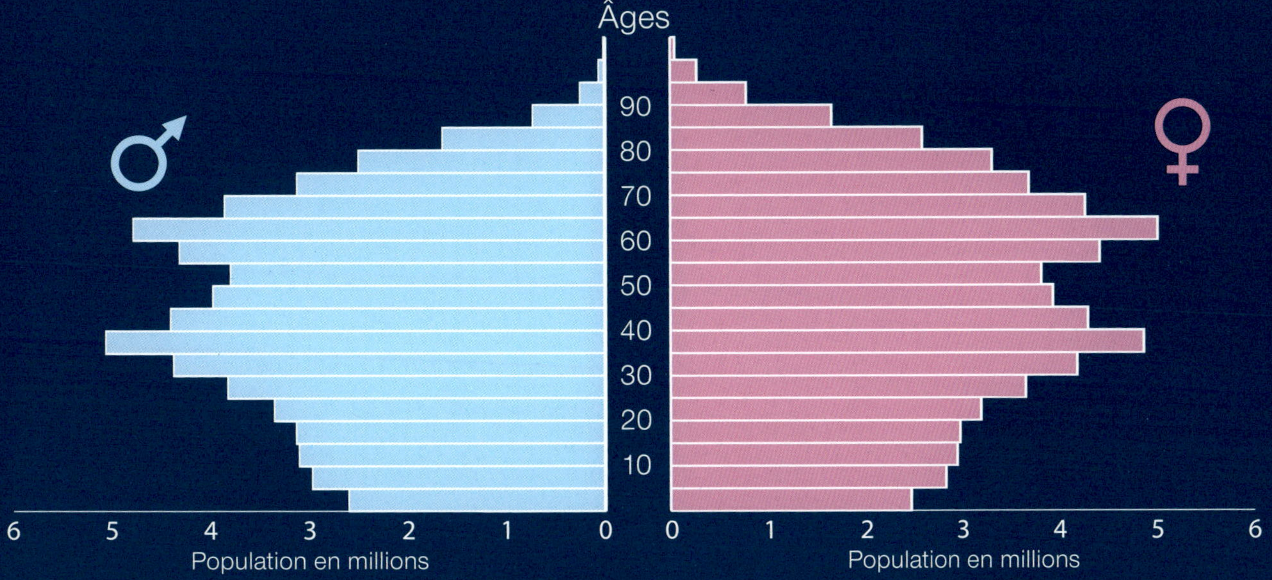

La population japonaise en 2010

La pyramide des âges du Japon n'a plus la forme d'une pyramide, elle ressemble plutôt à une toupie ! Sa forme est caractéristique des pays riches. La base étroite indique la faible part des jeunes dans la société. Le sommet monte très haut (l'espérance de vie est élevée) et la part des personnes de plus de 60 ans est importante par rapport au reste de la population.

DE LA CAMPAGNE

Dans les campagnes des pays du Sud, on souffre parfois du manque d'accès à l'école, aux soins, voire à la nourriture. La population continue d'y augmenter, et les terres agricoles cultivables, tout comme les équipements, sont insuffisants.

L'exode rural, départ des campagnes vers les villes, touche donc une partie des populations des pays du Sud. Les agriculteurs sont peu aidés par les États, alors que dans les pays du Nord, les gouvernements leur versent d'importantes sommes d'argent que l'on appelle des subventions. Au Honduras, l'arrivée de riz cultivé aux États-Unis, moins cher, car subventionné, a fait chuter la production de riz local entraînant chômage et exode rural. Les tomates du Ghana, quant à elles, n'arrivent pas sur les tables du pays car elles coûtent plus cher que les tomates en boîte importées d'Italie. Seul un alignement des prix de production locale et de la grande distribution internationale pourrait aider à « fixer » les paysans sur leurs terres.

Chaque année, 60 millions de paysans abandonnent leurs terres pour rejoindre les villes, le plus souvent des bidonvilles. Aujourd'hui ce mouvement s'accélère car de grandes entreprises, voire des États, achètent ou louent des terres agricoles. Or, ce mouvement ne bénéficie que rarement aux populations locales. À Niono, dans le centre du Mali, l'État cherche à augmenter les surfaces cultivées. Les paysans ont ainsi calculé que, dans ces projets d'extension, 360 000 hectares seront exploités par des entreprises étrangères et seulement 9 000 par les petits agriculteurs maliens.

Des paysannes arrivent dans la province du Xinjiang en Chine pour chercher du travail.

« Ils quittent un à un le pays pour s'en aller gagner leur vie loin de la terre où ils sont nés… » Jean Ferrat

À LA VILLE

Le saviez-vous ?

Sur une population mondiale de 6,7 milliards d'habitants, 3 milliards de personnes sont des ruraux : ils vivent à la campagne et plus de 1 milliard d'entre eux vit sans électricité.

Pays du Sud, pays du Nord

On appelle pays du Sud les pays en développement, peu industrialisés, essentiellement agricoles, situés surtout dans l'hémisphère Sud.
Quant aux pays industrialisés, ou pays développés, on les appelle pays du Nord car ils sont le plus souvent dans l'hémisphère Nord. Cependant, l'Australie, située au Sud, fait partie des pays industrialisés.

Dans le Sud, des millions de paysans rêvent de la ville

À cause de l'insuffisance de terres cultivables, du manque d'argent pour acheter semences, engrais et outils, de l'inexistence de routes pour se rendre au marché vendre les produits cultivés, les campagnes sont souvent des lieux de pauvreté. Le quotidien des paysans y est parfois très difficile. Les villages ne disposent pas toujours d'école, ni de centre de soins, d'accès à l'eau ou à l'électricité. Les enfants travaillent souvent dans les champs avec leurs parents ou gardent les troupeaux. Les jeunes pensent qu'en ville la vie sera plus facile, les mentalités plus ouvertes et la tradition moins pesante. Partir en ville c'est renoncer à ses champs et donc faire baisser la production alimentaire du village ou de la région.

Des paysans sans terre se mobilisent pour obtenir des terres
Il y aurait, selon les sources, entre 4,8 et 8,9 millions de familles sans terre au Brésil. La majeure partie des terres est possédée par de très grands propriétaires. Les paysans tentent de s'organiser pour obtenir du gouvernement une réforme agraire, c'est-à-dire une redistribution plus juste des terres agricoles. Ils organisent des marchés de protestation et occupent des terres pour faire pression sur les autorités.

DES VILLES DE PLUS EN PLUS

Le saviez-vous ?

La plus haute tour du monde, 828 mètres, a été inaugurée à Dubaï en janvier 2010 : 2,5 fois la Tour Eiffel, 160 étages, des fondations qui plongent à 50 mètres sous terre, 330 000 m^3 de béton armé, 39 000 tonnes d'acier, 142 000 m^2 de verre !

En 1800, 5 % de la population mondiale vivait en ville, aujourd'hui elle dépasse 50 %, soit plus d'un homme sur deux. Très étendues, les grandes villes concentrent population, pouvoirs et richesse. C'est là que toutes les décisions mondiales importantes sont prises. On désigne même certaines d'entre elles du nom de « ville mondiale » comme New York, Londres, Paris, Tokyo ou Shanghai. Le cœur de New York est constitué d'une forêt de gratte-ciel où logent les sièges sociaux des plus grandes entreprises de la planète.

Les grandes villes, dont les banlieues finissent par se rejoindre, dessinent pour certaines de véritables régions urbaines, nommées mégalopoles. C'est le cas sur la côte Est américaine entre New York et Washington (800 km) et au Japon entre Tokyo et Kitakyûshû (1 000 km). Le tissu urbain est également très dense en Europe entre Londres et Milan.

Les mégalopoles du Sud concentrent surpopulation, pauvreté et parfois violence, et sont dures à vivre pour les habitants. En 40 ans, la population de Lagos est passée de 300 000 habitants à plus de 10 millions en 40 ans. Face à cet afflux massif et rapide de population, la ville se trouve confrontée à d'immenses difficultés de transport, d'approvisionnement, de logement, de gestion de l'eau et des déchets.

Mais ces milieux urbains sont en même temps dynamiques et porteurs d'innovation. Les grandes agglomérations offrent des possibilités d'emplois à leurs habitants et permettent aux agriculteurs des campagnes environnantes de fournir les marchés des villes en produits alimentaires.

« J'ai des souvenirs de villes comme on a des souvenirs d'amour. »

Valéry Larbaud

GRANDES ET PEUPLÉES

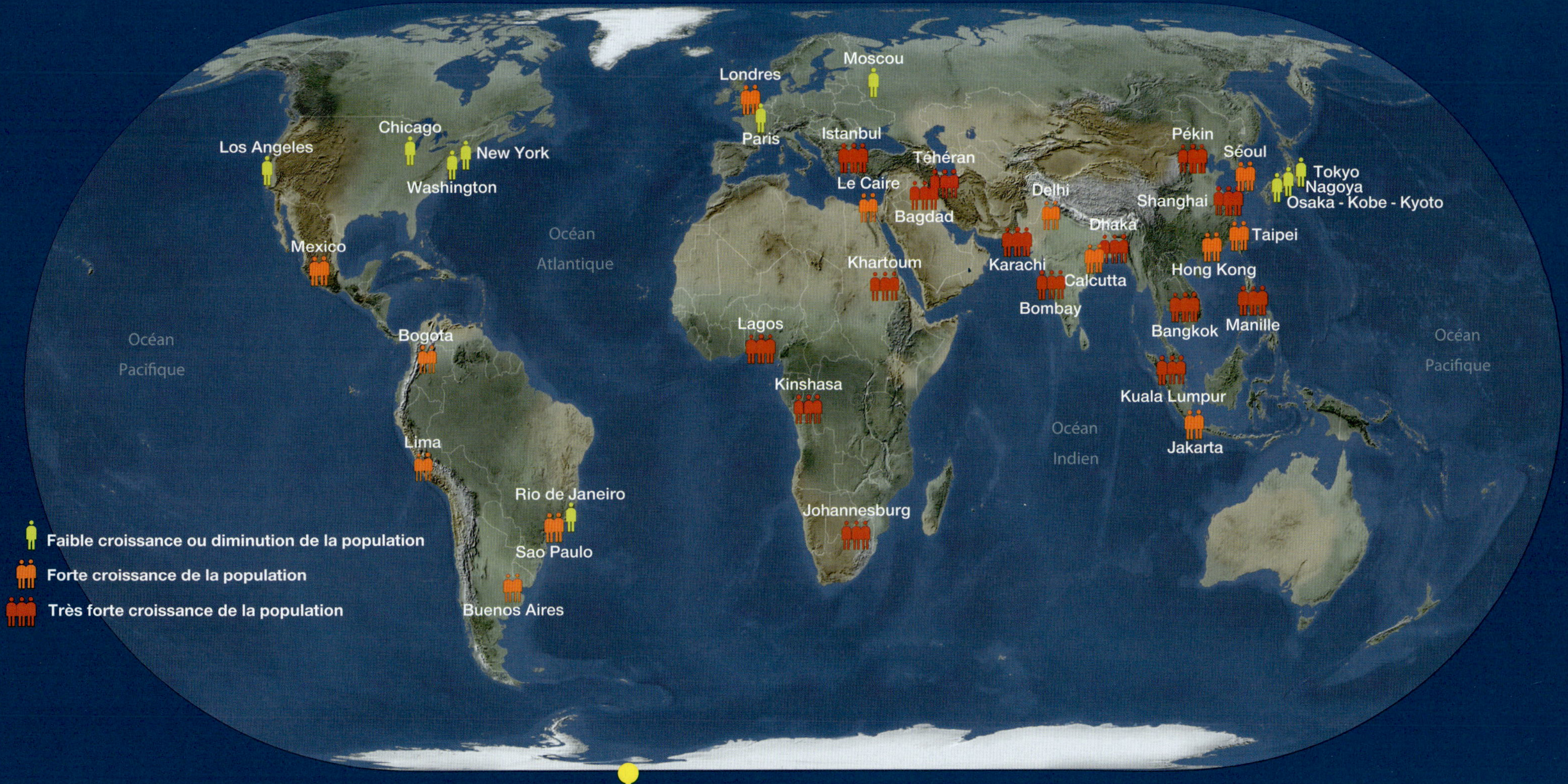

Des villes géantes : les mégapoles

Plus que celles du Nord, les mégapoles du Sud connaissent désormais de très fortes croissances. Les migrants venus des campagnes y affluent, les naissances y sont nombreuses, leur population explose. Entre 2000 et 2010, ce sont les villes d'Afrique et d'Asie qui ont connu la croissance la plus importante.

Favela, gourbiville, barraca, villa miseria, slum, autant de noms pour une même réalité.

PLUS D'UN MILLIARD D'HOMMES DANS DES BIDONVILLES

Les urbains sont aujourd'hui plus de 3 milliards. 30 à 40 % d'entre eux – il est difficile de les compter – vivent dans des bidonvilles. Ce sont des habitations précaires faites de tentes ou de baraques construites avec des matériaux de récupération comme des bidons, du carton, des toiles ou des plaques de tôle.

La plupart du temps, les habitants n'ont pas accès aux services publics comme le transport ou le ramassage des ordures, et parfois il n'y a même pas d'accès à l'eau courante ou à l'électricité. La vie quotidienne y est très difficile, on est loin du centre-ville où sont la plupart des emplois. Il existe aussi des bidonvilles qui deviennent permanents : les habitants améliorent leur logement et leur quartier de façon à pouvoir y vivre mieux. De grandes cuves permettent de récupérer l'eau de pluie, des fils courent pour se brancher sur l'électricité des quartiers mieux équipés. Parfois, les autorités reconnaissent aux occupants le droit de vivre là. À Lima, par exemple, l'immense bidonville de Villa El Salvador est devenu une municipalité grâce aux initiatives des habitants et à l'aide des autorités.

Dans les bidonvilles, les habitants font preuve de beaucoup de dynamisme pour améliorer leur quotidien. Ce sont aussi parfois des lieux culturels très vivants et où sont tentées des expériences de vie communautaire ou de démocratie locale.

« Quand il commence à pleuvoir, au milieu de l'été, l'eau ruisselle sur les toits de tôle et de papier goudronné, elle fait sa chanson douce dans les grands bidons. » Jean-Marie Le Clézio

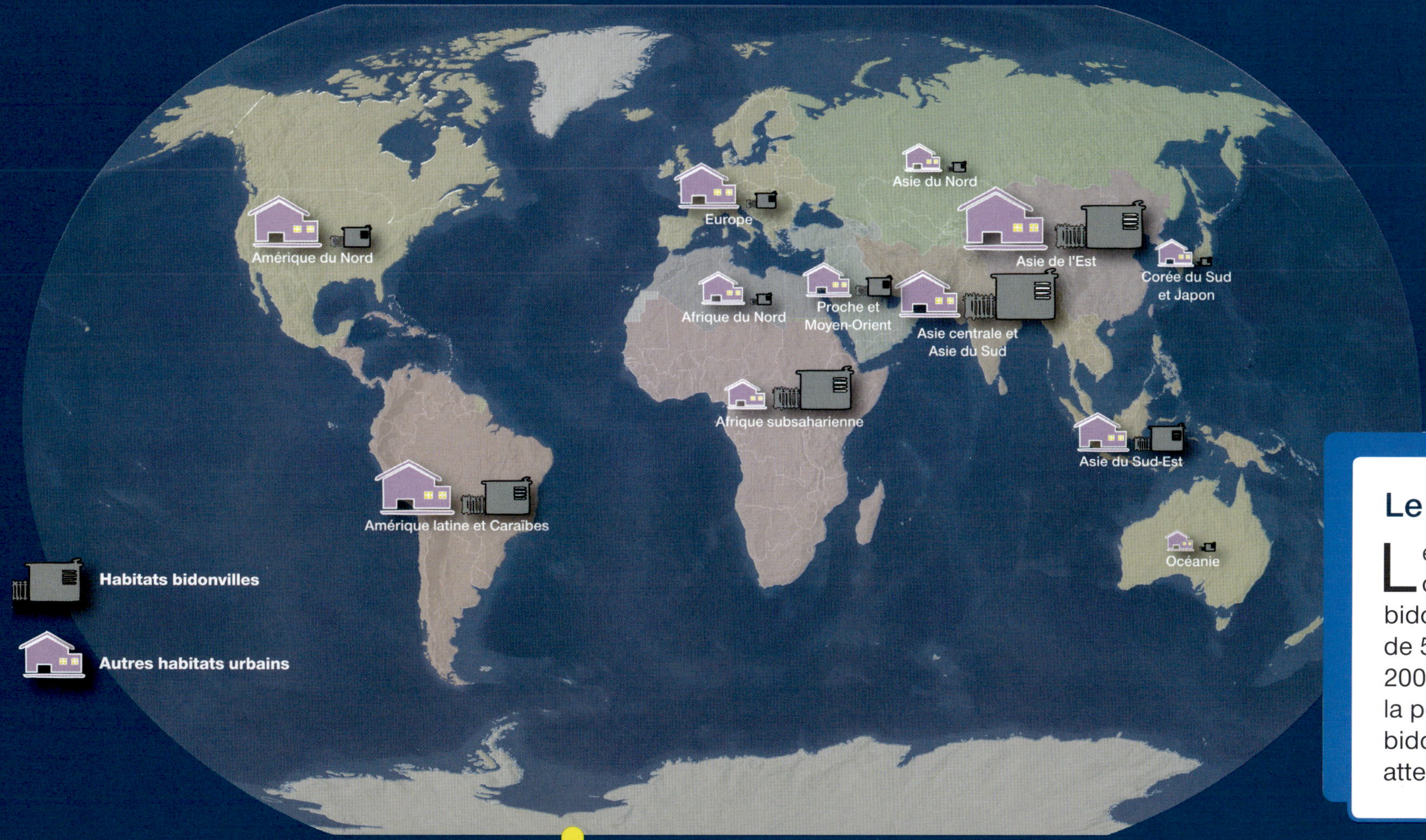

Le saviez-vous ?

Le nombre d'occupants des bidonvilles a augmenté de 50 millions depuis 2003. D'ici à 2050, la population des bidonvilles pourrait atteindre 3 milliards.

Au Sud, un monde de bidonvilles

Dans les pays en développement, l'augmentation de la population et l'exode rural sont à l'origine d'une croissance très rapide de la population des villes. Souvent, ces nouveaux urbains vivent dans l'un des 250 000 bidonvilles qui existent dans le monde.

Les bidonvilles existent aussi dans les pays riches

Dans les pays du Nord, les villes ne sont pas faciles à vivre pour tous. D'après l'ONU, 6 % de la population urbaine des pays développés vivent dans des bidonvilles. Les populations les plus fragiles comme les nouveaux migrants, les sans domicile fixe improvisent, sous des tunnels, le long des routes ou des voies de chemin de fer, dans des immeubles abandonnés ou dans leur voiture, des campements plus ou moins stables et visibles. Certaines associations les aident, mais le plus souvent ils se débrouillent seuls.

UN MONDE INÉGAL

QU'EST-CE QUE LA « MONDIALISATION » ?

La mondialisation est un processus ancien même si l'usage du mot est récent. À la fin du XXe siècle, elle a connu une accélération fantastique due à plusieurs facteurs.

Le développement de nouvelles technologies de communication ; l'ordinateur individuel ; l'Internet mettant en relation immédiate tous les points de la terre reliés au réseau ; la baisse du prix des billets d'avion et celle des barrières douanières entre pays entraînant un nouveau bond dans le commerce international ; l'expansion quasi généralisée de l'anglais à travers le monde : tous ces facteurs ont permis de nouvelles interdépendances entre les pays, la création de nouvelles richesses, mais aussi une augmentation des inégalités.

Car la mondialisation n'est pas… mondiale. Il y a concentration des décisions, des richesses, des réseaux, des innovations dans les grandes villes du « Nord », mais maintenant également au Brésil, en Chine, en Inde, en Russie, en Afrique du Sud. Les usines se trouvent dans les pays moins « développés », où les ouvriers sont moins payés que dans les pays du Nord. Certaines grandes entreprises occidentales y font donc fabriquer leurs produits, c'est la délocalisation.

Les cartes montrent bien que les espaces gagnants de la mondialisation sont les lieux les mieux reliés entre eux : grandes villes, façades maritimes, ports.

La mondialisation du sport

Les footballeurs venant des pays du Sud pour jouer dans des clubs du Nord sont de plus en plus nombreux. Ils sont achetés moins cher que leurs collègues formés dans les pays riches. L'Histoire explique en partie le recrutement international. Pour la France, de nombreux joueurs viennent d'Afrique de l'Ouest, où se trouvaient plusieurs colonies françaises.

« Le commerce du sage est sans valeur et il perfectionne. »

Confucius

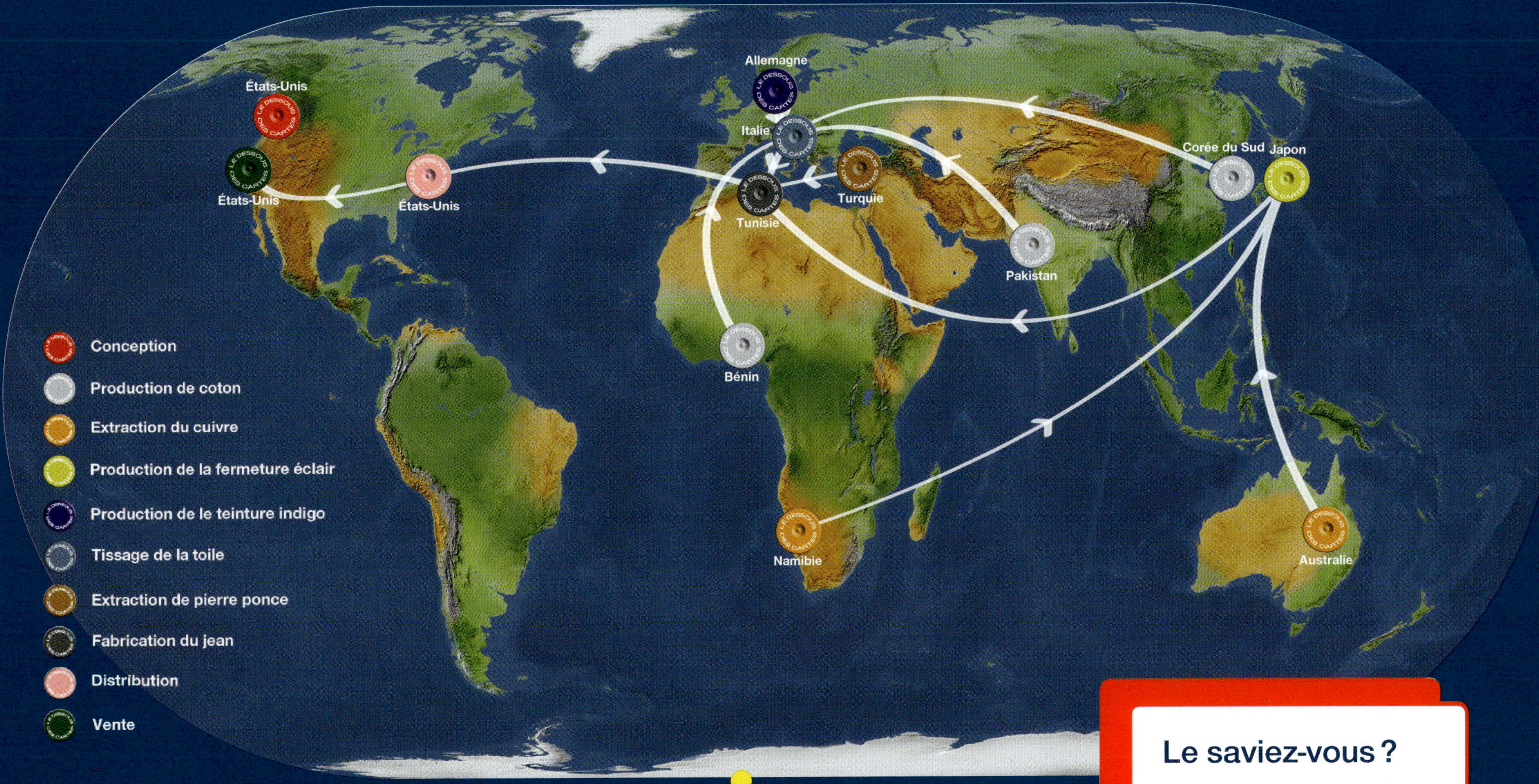

Cinq continents pour un jean

Conçus aux États-Unis, les dessins des modèles sont envoyés par Internet aux quatre coins du monde. Le tissu est fait de coton produit en Afrique et en Asie. Les fermetures Éclair sont à base de cuivre extrait des mines d'Australie et de Namibie, et c'est au Japon qu'elles sont ensuite fabriquées. On utilise une pierre venue de Turquie pour frotter le jean teint et tissé en Europe. Les jeans sont ensuite assemblés en Tunisie pour être vendus aux États-Unis ou ailleurs.

Le saviez-vous ?

Le Big Mac, symbole de la mondialisation, est vendu dans 120 pays. Manger un Big Mac coûte 5,50 € en Norvège contre 0,78 € en Chine.

LES LIEUX CLÉS DE LA

Yangshan, en Chine, le plus important port du monde.

Le commerce maritime représente plus de 80 % du commerce mondial en volume. Reliant les ports d'un continent à l'autre, les navires porte-conteneurs permettent des voyages deux fois plus rapides et trois fois moins chers que dans les années 1960.

Les conteneurs mesurent de 6 à 12 mètres. Ils s'empilent et s'adaptent à différents types de transport. Ils contiennent toutes sortes de marchandises, des denrées alimentaires non périssables, sacs de riz ou tablettes de chocolat, vêtements ou ordinateurs ; en fait, tout ce qui peut voyager sur de longues distances. Ces géants des mers (les plus grands transportent 13 000 conteneurs) passent par des détroits et des isthmes devenus des lieux stratégiques de la mondialisation. Certains passages sont payants, et les pays riverains en tirent profit.

Les bateaux longent des côtes de pays parfois très pauvres, ce qui explique le développement des actes de piraterie. Ce sont donc des lieux sous haute surveillance. Par exemple, le détroit de Malacca est géré par trois États (Malaisie, Singapour et Indonésie) et surveillé par les marines américaine et indienne. Pour le Japon et la Chine, ce lieu est essentiel car le pétrole et les marchandises indispensables à leur économie passent par là.

Les pirates modernes

Les navires de commerce sont parfois l'objet d'attaques par ceux que l'on appelle communément les pirates. Munis de canots ultrarapides, ils prennent les porte-conteneurs à l'abordage dont ils revendent ensuite les cargaisons. La piraterie s'est beaucoup développée dans le détroit de Malacca et dans le golfe d'Aden, entre la Somalie et le Yémen. En 2008, les pirates somaliens ont capturé un cargo avec à son bord 33 chars russes. L'État somalien est fragile, la police n'a pas les moyens de contrôler le territoire, et les pirates peuvent facilement se cacher ou s'enfuir vers le Yémen.

« Vois sur ces canaux
Dormir ces vaisseaux
Dont l'humeur est vagabonde. »

Charles Baudelaire

MONDIALISATION

Les autoroutes de la mer et leurs péages

Les lignes « tour du monde » passent par des détroits, isthmes et canaux où se croisent des milliers de navires qui transportent des marchandises d'un continent à l'autre.

Le saviez-vous ?

Pour passer le canal de Panama, il faut environ 8 à 9 heures pour traverser les 80 km du canal après avoir attendu 12 heures à l'entrée. Chaque jour passent 40 cargos, soit à peu près un tous les quarts d'heure.

UN MONDE DE RICHES, UN MONDE DE PAUVRES

Évaluer la richesse et la pauvreté dans le monde n'est pas aisé. Il faut prendre en compte plusieurs paramètres. Globalement, le monde s'est enrichi depuis une vingtaine d'années, et la forte croissance économique de pays très peuplés, comme l'Inde ou la Chine, entraîne une baisse de la pauvreté mondiale. Mais, en même temps, l'écart entre les pays les plus riches et les pays les plus pauvres se creuse. Presque un individu sur deux vit en dessous du seuil de pauvreté (2 dollars par jour) et le nombre de pays très pauvres a doublé ces trente dernières années.

« Tous les hommes ont les mêmes droits… Mais du commun lot, il en est qui ont plus de pouvoirs que d'autres. Là est l'inégalité. » Aimé Césaire

De plus, à l'intérieur des pays, les inégalités entre les groupes de la population se sont accrues. Plus de 50 pays, représentant 80 % de la population mondiale, ont enregistré une augmentation des inégalités internes, c'est-à-dire une hausse de l'écart entre les plus riches et les plus pauvres. Cela signifie qu'un État peut s'enrichir et pourtant voir la pauvreté s'accentuer pour une partie importante de ses habitants. Au Brésil, par exemple, la moitié de la richesse du pays est détenue par seulement 10 % de la population.

Le monde crée donc de la richesse, mais celle-ci est très concentrée et laisse à l'écart une part importante de la population mondiale. Cette situation inégalitaire crée des tensions aussi bien entre les personnes d'un même pays qu'entre les différents États du monde.

Le saviez-vous ?

La fortune du Mexicain Carlos Slim, l'homme le plus riche du monde, s'élevait en 2009 à 40 milliards de dollars tandis que 3 milliards de personnes, soit près d'une personne sur deux, vivent avec moins de 2 dollars par jour (soit environ 1,60 €).

Des inégalités de développement entre les États

L'indicateur de développement humain (IDH) est un outil pour mesurer le niveau de développement d'un pays. Il prend en compte la richesse produite par un pays, mais aussi l'espérance de vie à la naissance et le niveau d'instruction (alphabétisation des adultes et scolarisation des enfants). L'IDH va de 0 à 1 : plus il est proche de 1, plus le pays est « développé ». En dessous de 0,5, le pays est considéré comme faiblement développé. Les écarts entre les pays sont importants. Il reste beaucoup de pays très pauvres, où de nombreux habitants vivent avec moins de 2 dollars par jour, dans un monde pourtant de plus en plus riche.

Une tendance mondiale : des inégalités en hausse à l'intérieur des pays

Le coefficient de Gini permet de repérer les inégalités de revenus entre les habitants d'un même pays. Il varie de 0 à 1. Plus il est proche de 1, plus les inégalités sont importantes. Un chiffre proche de 0 indiquera au contraire une meilleure répartition des richesses au sein de la population. Certains États peuvent être riches, comme le Nigeria, sans que la population ne bénéficie de cette richesse.

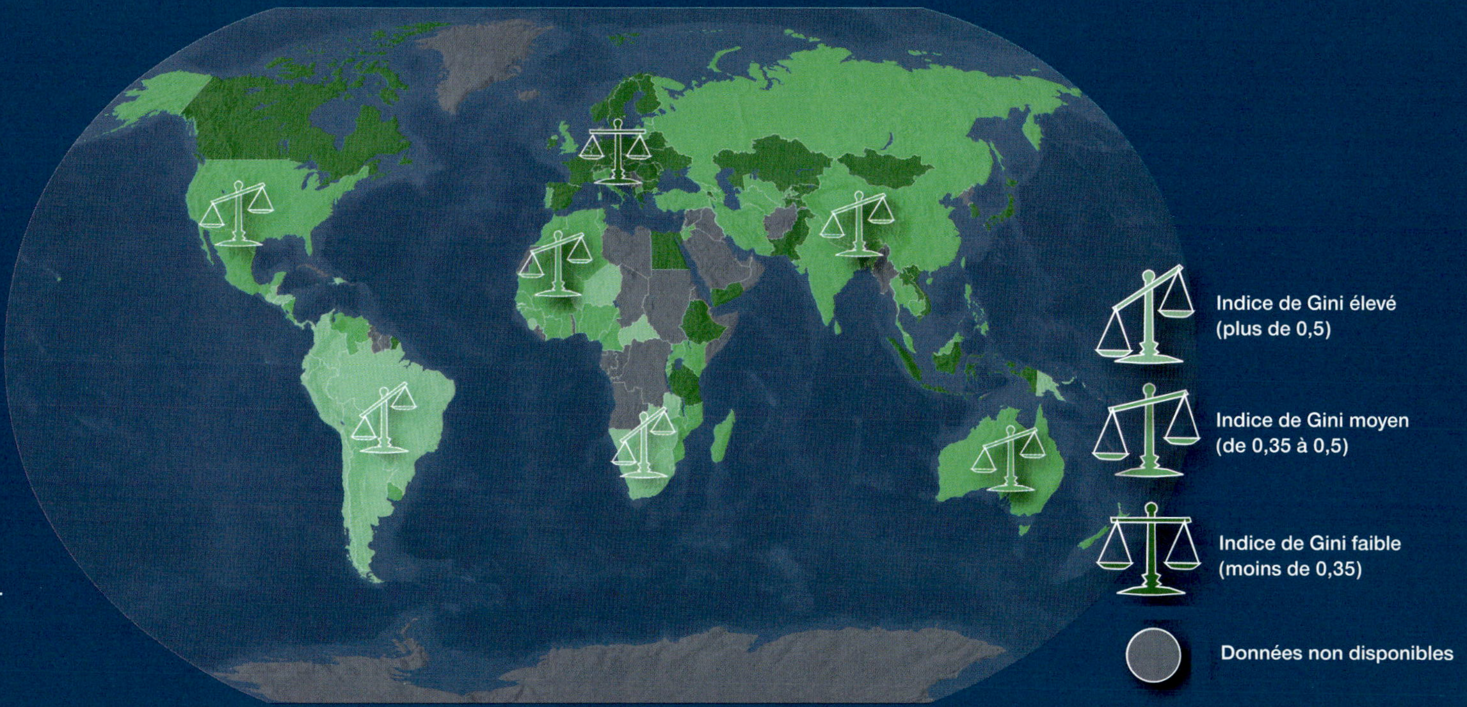

QU'EST-CE QU'UN PAYS PAUVRE ?

Il existe dans le monde un certain nombre de pays classés « Pays les moins avancés », où vivent des centaines de millions de personnes dont les revenus quotidiens ne suffisent pas à assurer les besoins les plus simples. Elles n'ont pas assez à manger, elles ne peuvent pas envoyer les enfants à l'école (souvent trop loin du village, ou parce que les enfants doivent aider dans les champs) et les emplois sont rares et non réguliers.

Plusieurs raisons expliquent pourquoi ces pays restent pauvres : leur économie, essentiellement agricole, dépend des prix des marchés mondiaux. Les agriculteurs vendent leur production sur ces marchés, mais les prix sont trop bas, et cela ne suffit pas à assurer leurs revenus. D'autres pays qui vendent les mêmes produits sur le marché mondial ont les moyens d'aider leurs agriculteurs. Par exemple, les pays de l'Union européenne, ou les États-Unis, versent des sommes d'argent (qu'on appelle des subventions) à leurs agriculteurs, ce qui leur permet de vendre à bas prix, tout en vivant correctement.

Les pays pauvres sont par ailleurs très endettés, et de façon permanente, auprès des grandes banques internationales. Le remboursement de la dette pèse lourd dans le budget de l'État et empêche d'utiliser l'argent pour autre chose dans le pays.

Un autre grand frein au développement est situé à l'intérieur même de ces pays : au Bénin, au Togo, mais aussi au Burkina Faso, le même groupe de personnes garde le pouvoir pendant des dizaines d'années et refuse « l'alternance démocratique », c'est-à-dire de laisser le pouvoir à d'autres.

En 2000, presque tous les chefs d'États du monde se sont réunis à l'ONU, et ont décidé d'un programme en 8 points qui doit s'achever en 2015. Ces 8 points sont les « Objectifs du millénaire pour le développement ». On sait déjà, en 2011, que ces objectifs du millénaire ne seront pas atteints. Malgré les efforts de pays comme la Suède ou la Norvège, l'aide au développement est très insuffisante.

« La nuit dure longtemps, mais le jour finit par arriver. »

Ahmadou Kourouma

Le diamant ne fait pas le développement

La République démocratique du Congo, grand pays du centre de l'Afrique, est l'un des pays au monde les plus riches en mines de diamants, et sa production est exportée dans le monde entier. Pourtant la population congolaise est l'une des plus pauvres de la planète, la vente de ces diamants ne profitant pas aux habitants du pays. La redistribution de cette richesse nationale est très mal assurée et seule une petite partie de la population tire profit des exportations de diamants. Enfin, les trafics sont nombreux, la contrebande contourne les taxes nationales, et la corruption est répandue à tous les échelons. Des millions de dollars, ainsi régulièrement détournés, ne sont pas investis dans le pays.

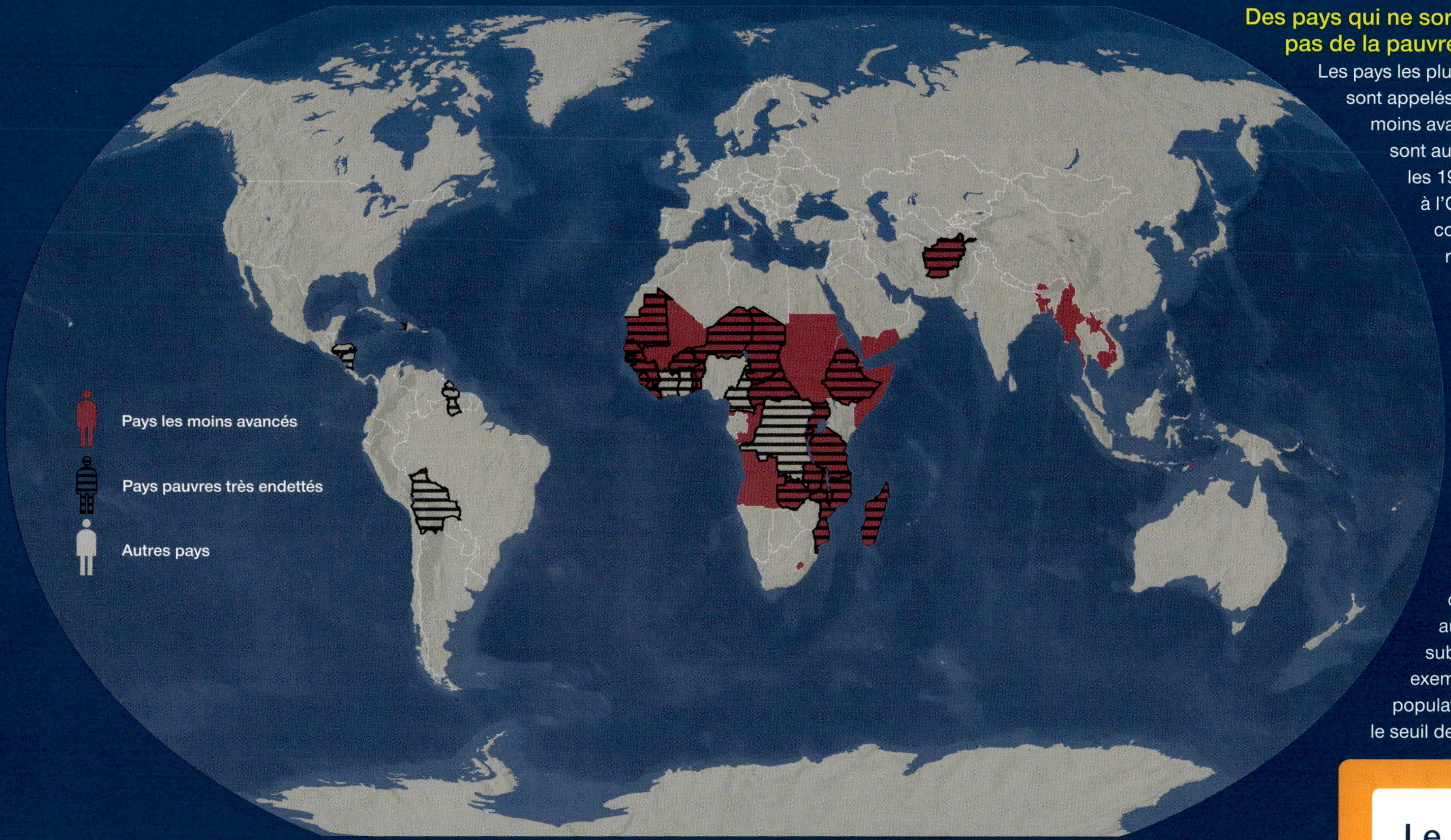

Des pays qui ne sortent pas de la pauvreté

Les pays les plus pauvres du monde sont appelés PMA, pour Pays les moins avancés. En 2010, ils sont au nombre de 49, sur les 192 États présents à l'ONU. Des progrès considérables ont été réalisés depuis 20 ans, en Inde, en Chine, mais aussi en Indonésie et en Malaisie, réduisant ainsi le nombre de pauvres dans le monde. Mais cette réduction est due à la croissance de ces pays d'Asie. Car à l'échelle mondiale, le nombre de pauvres continue à augmenter. En Afrique subsaharienne par exemple, la moitié de la population vit toujours sous le seuil de pauvreté.

Quels sont les Objectifs du millénaire ?

Réduire l'extrême pauvreté et la faim.

Assurer l'éducation primaire pour tous.

Promouvoir l'égalité entre les sexes et l'autonomisation des femmes.

Réduire la mortalité infantile.

Améliorer la santé maternelle.

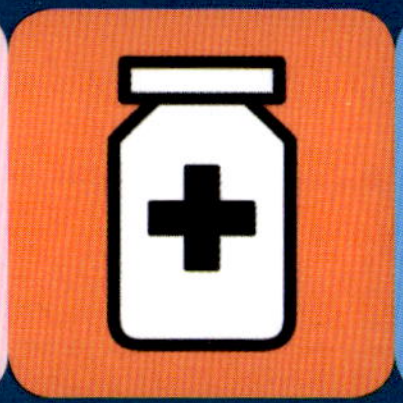
Combattre le VIH/sida, le paludisme.

Mettre en place un partenariat mondial pour le développement.

Préserver l'environnement de la planète.

Le saviez-vous ?

L'espérance de vie moyenne d'un enfant né au Niger est de 50 ans. L'espérance de vie d'un enfant né en Norvège est de 80 ans.

Travailleuses rurales dans les champs, au Rwanda.

COMMENT NOURRIR TOUT LE MONDE ?

Le monde produit actuellement suffisamment de céréales pour nourrir tous les habitants de la planète, et pourtant un grand nombre d'entre eux n'y ont pas accès et n'ont souvent pas assez à manger.

Les agriculteurs de demain vont devoir nourrir une population qui s'élèvera à 8 milliards de personnes en 2025. La production devra donc augmenter surtout là où la croissance de la population est la plus forte, dans les pays du Sud. En Afrique par exemple, la production de céréales devrait être multipliée par 5 pour suivre la croissance démographique.

Or, sur 1,3 milliard d'agriculteurs dans le monde, 30 millions ont des machines agricoles, des engrais, des pesticides et disposent de systèmes d'arrosage, 300 millions disposent d'un animal de trait, tous les autres travaillent avec des outils manuels. Les différences de rendement, c'est-à-dire la quantité produite sur une surface donnée, sont donc considérables. Pour augmenter les rendements, il faut investir dans l'agriculture, surtout l'agriculture vivrière : celle qui nourrit directement les hommes. Pour cela, les paysans doivent pouvoir emprunter pour acheter des pompes à eau pour l'irrigation, des engrais, des animaux de trait ou des machines. Ils doivent aussi pouvoir davantage échanger sur les marchés locaux ou régionaux.

Protéger les terres cultivables est un impératif, car les villes ne cessent de s'étendre. Il faudrait aussi modifier les comportements alimentaires dans les pays du Nord où la consommation de viande est élevée, car l'élevage du bétail absorbe de grandes quantités d'eau et de céréales. Alors qu'un Français consomme en moyenne 100 kg de viande par an, un Chinois en mange 46 kg et un Rwandais 5.

Le saviez-vous ?

232 kg de maïs donnent 50 litres de carburant mais pourraient apporter assez de calories pour nourrir un enfant pendant un an. Les biocarburants sont-ils une fausse bonne idée ?

« Nous irons, couronnés d'épis, conquérir terre et pain pour tous. » Pablo Neruda

Au Sud, environ un milliard de personnes ne mangent pas à leur faim

Les plus exposés sont les ruraux, les citadins pauvres et les victimes de catastrophes naturelles. Or, une nourriture insuffisante en quantité ou en qualité a des conséquences sur la santé, la croissance, la concentration et le développement physique. Les enfants, qui sont justement en phase de croissance, sont tout particulièrement sensibles au manque de nourriture et à la malnutrition.

Les OGM sont-ils la réponse ?

Les chercheurs ont mis au point des plantes qui n'existent pas dans la nature. On les appelle les OGM : organismes génétiquement modifiés. Différentes variétés d'OGM ont été ainsi créées pour le maïs, le riz, le soja, le coton, elles renforcent la résistance de la semence et augmentent sa productivité. Certains voient donc dans les OGM une solution pour augmenter les rendements et nourrir plus d'hommes sur terre. D'autres estiment que toute modification de type génétique est irréversible et que les OGM peuvent être nocifs pour la santé humaine et l'environnement. Ils dénoncent aussi le fait que les agriculteurs deviennent dépendants des multinationales du Nord qui les produisent et les vendent. En effet, l'agriculteur doit chaque année acheter les semences et les produits nécessaires à leur culture.

En Côte d'Ivoire, des enfants manifestent contre le sida.

LE SIDA ET LES INÉGALITÉS

Le virus du sida (VIH) se transmet par l'intermédiaire du sang, du sperme ou du lait maternel. Le sida est une pandémie, c'est-à-dire une épidémie qui touche le monde entier.

En Afrique, le sida est la première cause de mortalité. Plusieurs raisons expliquent pourquoi le sida tue davantage dans cette région du monde qu'ailleurs. La pauvreté ne permet pas de se soigner convenablement. Les structures de soins, comme les dispensaires ou les hôpitaux, sont trop peu nombreuses. Les violences qui accompagnent les guerres diffusent la maladie car les combattants porteurs du virus contaminent les femmes des territoires qu'ils occupent. Cette maladie est souvent considérée comme honteuse, et les croyances ou les interdits religieux empêchent les gens de prendre les précautions nécessaires. Beaucoup de personnes ne savent pas qu'elles sont malades et ne veulent pas faire le test car dans le cas d'un test positif, elles n'auront pas les moyens de se soigner et ont peur d'être exclues par leur entourage.

Pourtant, il existe des moyens de prévention efficaces, en luttant contre les idées reçues, en facilitant l'usage du préservatif et en permettant l'accès aux médicaments. En Afrique subsaharienne, les mères malades transmettent le virus à leur bébé, alors qu'en Europe, les médicaments ont permis de réduire pratiquement à zéro le nombre de transmissions.

Le saviez-vous ?

Le virus de l'immunodéficience humaine (VIH) est le responsable d'une maladie appelée sida. Cette maladie est incurable pour le moment car il n'existe pas encore de vaccin pour s'en protéger. Les médicaments ne permettent pas de guérir mais seulement de vivre avec la maladie. La vraie précaution : utiliser un préservatif lors des rapports sexuels.

« C'est une pluie de deuil terrible et désolée. » Jacques Prévert

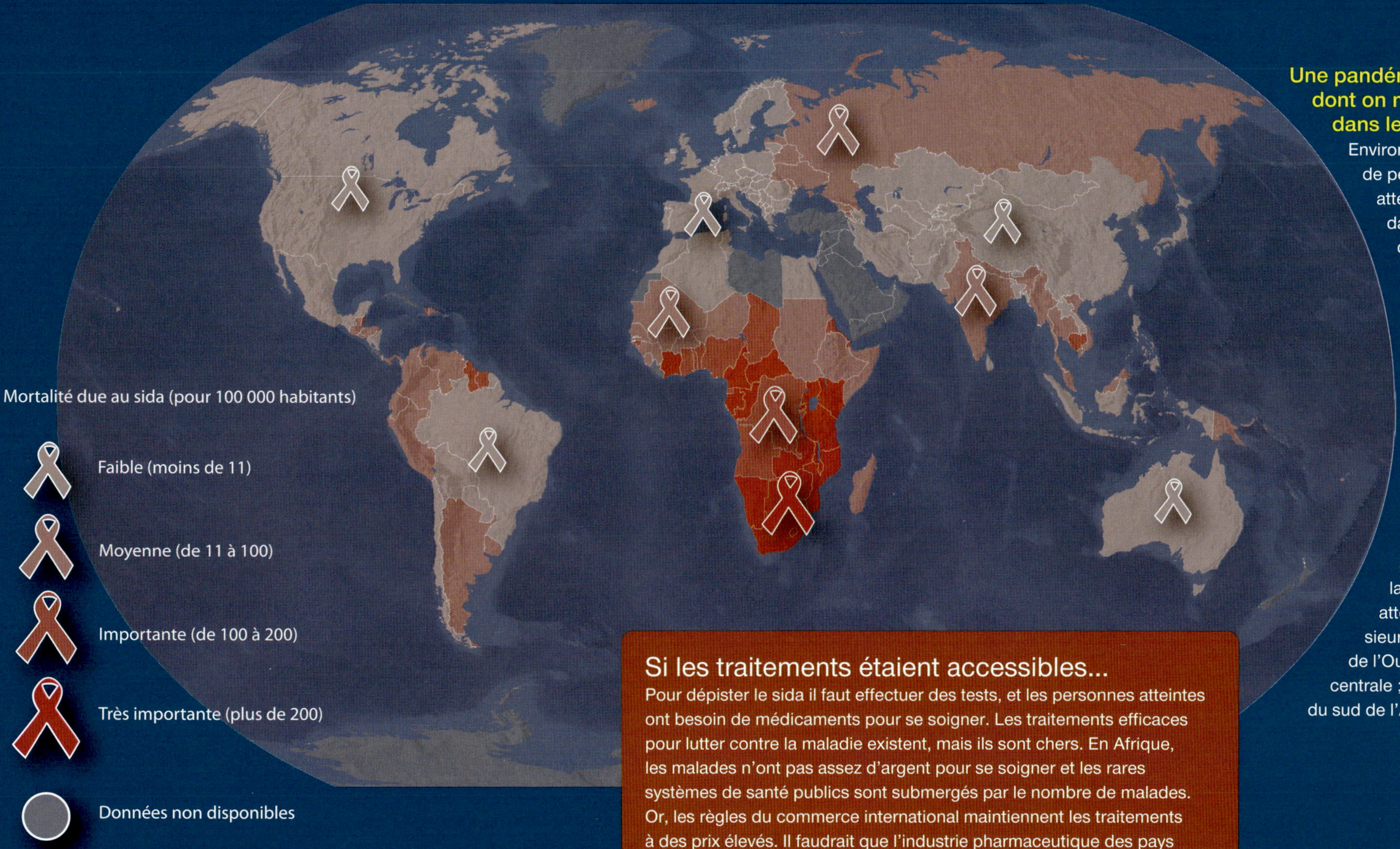

Une pandémie dont on meurt surtout dans les pays du Sud

Environ 33 millions de personnes sont atteintes du sida dans le monde, dont 22 millions vivent en Afrique subsaharienne. En 2007, trois quarts des décès dus au sida se sont produits dans cette région. Le nombre de malades varie considérablement d'un pays à l'autre : 2 % de la population est atteinte dans plusieurs pays d'Afrique de l'Ouest et d'Afrique centrale ; 15 % dans 7 pays du sud de l'Afrique.

Si les traitements étaient accessibles...

Pour dépister le sida il faut effectuer des tests, et les personnes atteintes ont besoin de médicaments pour se soigner. Les traitements efficaces pour lutter contre la maladie existent, mais ils sont chers. En Afrique, les malades n'ont pas assez d'argent pour se soigner et les rares systèmes de santé publics sont submergés par le nombre de malades. Or, les règles du commerce international maintiennent les traitements à des prix élevés. Il faudrait que l'industrie pharmaceutique des pays du Nord accepte de réduire ses bénéfices et investisse davantage dans la recherche. Cela permettrait aux laboratoires des pays du Sud de fabriquer des médicaments génériques. Aucune autre solution ne semble imaginable pour éviter la mort de milliers d'enfants et de leurs parents et stabiliser ainsi l'épidémie.

Petite fille indienne au travail.

100 MILLIONS D'ENFANTS

Savoir lire, écrire et compter permet d'avoir accès à l'information, à la culture, d'espérer un meilleur travail et de pouvoir participer à la vie politique de son pays. Grâce à l'éducation, on devient capable de connaître et de défendre ses droits. En donnant le pouvoir de faire des choix, l'éducation rend plus libre. C'est un des moyens les plus puissants pour vaincre la pauvreté.

En effet, l'absence d'éducation n'est pas seulement une conséquence de la pauvreté, elle en est une des causes et elle enferme dans la misère. On sait par exemple que l'éducation des jeunes filles a un impact direct sur la santé de leurs futurs enfants. Depuis 2000, le nombre d'enfants ayant accès à l'école primaire a augmenté, mais plus de 100 millions d'enfants ne sont toujours pas scolarisés. Les filles, les enfants issus des minorités ou des milieux les plus pauvres sont les principales victimes de cette exclusion.

Le saviez-vous ?

Un adulte sur cinq dans le monde est analphabète. 64 % des adultes analphabètes sont des femmes.

Le manque de matériel (livres, cahiers...), le manque d'écoles et le manque d'enseignants qualifiés empêchent la situation de s'améliorer. Dans les années 1990, pour obtenir des prêts des pays riches, de nombreux pays ont dû faire des économies et ont fermé les écoles où étaient formés les futurs professeurs. Résultat : il manquerait aujourd'hui près de 4 millions d'enseignants en Afrique.

Pour parvenir à l'éducation pour tous, il faudrait doubler l'aide publique actuellement consacrée à l'éducation. C'est en donnant aux enfants des pays du Sud la possibilité de s'instruire que ces pays pourront se développer.

« L'éducation est l'arme la plus puissante pour changer le monde. » Nelson Mandela

DANS LE MONDE NE VONT PAS À L'ÉCOLE

L'éducation, c'est la lumière

Les Karamoja sont un peuple nomade d'Ouganda. Pour que les enfants puissent apprendre, c'est l'école qui les suit dans leur vie itinérante. Le tableau noir est posé contre un arbre et des lignes sont tracées au sol pour délimiter la « salle de classe ». Les cours ont lieu tôt le matin et le soir pour que les garçons puissent s'occuper des troupeaux pendant la journée. Pour Nangiro Lowuya, père de trois garçons, qui a, comme son père et son grand-père, connu la vie d'éleveur de bétail, l'école doit offrir à ses enfants « un meilleur futur ; l'école, c'est très important. L'éducation, c'est la lumière », dit-il.

Dans le monde, un enfant sur huit est privé d'école

Les chiffres de l'accès à l'éducation dans le monde traduisent les profondes inégalités de niveau de vie entre les pays riches et les pays pauvres. Le plus grand nombre d'enfants n'ayant pas accès à l'école se situe essentiellement dans les régions d'Afrique et d'Asie. Ce sont surtout les petites filles qui sont privées d'école.

LES ENFANTS AUSSI ONT DES DROITS

En 1989, les dirigeants de plusieurs pays du monde ont estimé que les moins de 18 ans étaient, à travers le monde, les premières victimes de la misère, des conflits et de la violence. Ils ont décidé que les enfants devaient être particulièrement protégés et pour cela ont établi la « Convention internationale des droits de l'enfant ». Elle énonce donc les droits des enfants et oblige les États signataires (seuls, les États-Unis et la Somalie ne l'ont pas signée) à les faire respecter. Les enfants ont donc des droits reconnus et peuvent les faire valoir.

En Europe, 29 États ont mis en place un Défenseur des enfants que tout enfant peut contacter. Mais, pour certains enfants, comme les enfants étrangers arrivés seuls ou ceux de parents sans papiers, la loi n'est pas toujours appliquée et leurs droits ne sont pas toujours respectés.

À l'échelle du monde, il reste encore beaucoup à faire, par exemple au niveau du travail des enfants. Selon l'Unicef, 250 millions d'enfants âgés de 5 à 14 ans, soit un enfant sur quatre dans le monde, travaillent dans des conditions que nous jugeons inacceptables. Ils sont employés dans les champs, les mines, les ateliers, utilisés comme domestiques ou comme soldats, autant d'activités qui nuisent à leur développement physique, mental, et à leur équilibre affectif. Des organisations internationales et des associations font pression sur les gouvernements pour faire respecter les droits fondamentaux des enfants.

Un enfant ne doit pas être jugé comme un adulte

Parce qu'un enfant est une personne en devenir, plus vulnérable qu'un adulte, il doit pouvoir bénéficier d'une justice adaptée à son âge.
La Convention internationale des droits de l'enfant précise que les États doivent traiter un enfant qui a commis une infraction en tenant compte de son âge et de la nécessité de le réintégrer dans la société.

« Rien ne peut compenser une seule larme d'un seul enfant. » Fedor Dostoïevski

Les enfants soldats dans le monde

On appelle enfant soldat une personne de moins de 18 ans enrôlée dans l'armée ou dans des bandes armées et qui participe directement ou indirectement aux combats. Ils sont environ 300 000 dans le monde, dont plus d'un sur trois en Afrique. En Asie, la Birmanie emploierait quelque 50 000 enfants soldats, détenant ainsi le record du pays qui compterait le plus d'enfants soldats dans le monde.

L'enfer des enfants domestiques

En Haïti, plus de 70 000 enfants, pauvres, et souvent originaires des régions rurales, sont employés comme domestiques. La réalité qu'ils vivent est terrible. André ne connaît pas son vrai nom, ni son âge. Petit quand sa mère est morte, on l'a envoyé travailler comme domestique, car son père ne pouvait pas s'occuper de lui. Il devait effectuer des corvées ménagères, n'était pas payé, dormait à même le sol et avait peur de parler de la façon dont il était traité. Aujourd'hui, André a échappé à cette famille, mais il a du mal à parler de ce qu'il a vécu.

Le saviez-vous ?

Tous les ans depuis 1994, durant une journée, l'Assemblée nationale se transforme en Parlement des enfants. Quatre propositions votées par les députés juniors sont devenues des lois... votées par le Parlement des adultes.

La longue route des migrants.

POURQUOI QUITTE-T-ON SON PAYS ?

Le peuplement du monde est le résultat de migrations très anciennes. En 2009, 214 millions de personnes vivaient loin de chez elles, ce qui représente une très faible part de la population mondiale, environ 3 %.

Un migrant « international » est une personne qui se déplace pour longtemps vers un autre pays que le sien et pour d'autres raisons que ses loisirs. Les motifs de départ sont très nombreux : certains fuient la pauvreté, le chômage, la faim ou les catastrophes naturelles, et fuient pour chercher du travail et de meilleures conditions de vie. La curiosité pour l'ailleurs peut aussi motiver ce choix. Ces migrants sont des Irakiens, des Kurdes, des Iraniens, des Palestiniens, des Africains, des Asiatiques ou des Sud-Américains, aussi bien des hommes que des femmes, mais aussi parfois des enfants.

Les mouvements de population concernent aujourd'hui toutes les régions du monde, mais, contrairement à une idée reçue, les habitants des pays pauvres sont ceux qui quittent le moins leur pays. Moins de 1 % des Africains émigrent en Europe. La route est souvent dangereuse pour les migrants qui prennent des risques dans l'espoir d'une vie meilleure. Des milliers d'entre eux meurent chaque année lors de leur voyage. Ceux qui partent sont souvent instruits, disposent d'un minimum de ressources pour payer leur voyage et s'appuient sur la famille ou des connaissances déjà installées.

Le saviez-vous ?

Les migrations internationales ne concernent que 5 % de la population mondiale, et 60 % des migrants se déplacent d'un pays du Sud vers un autre pays du Sud.

« L'angoisse des départs sans main chaude dans la main. » Léopold Sédar Senghor

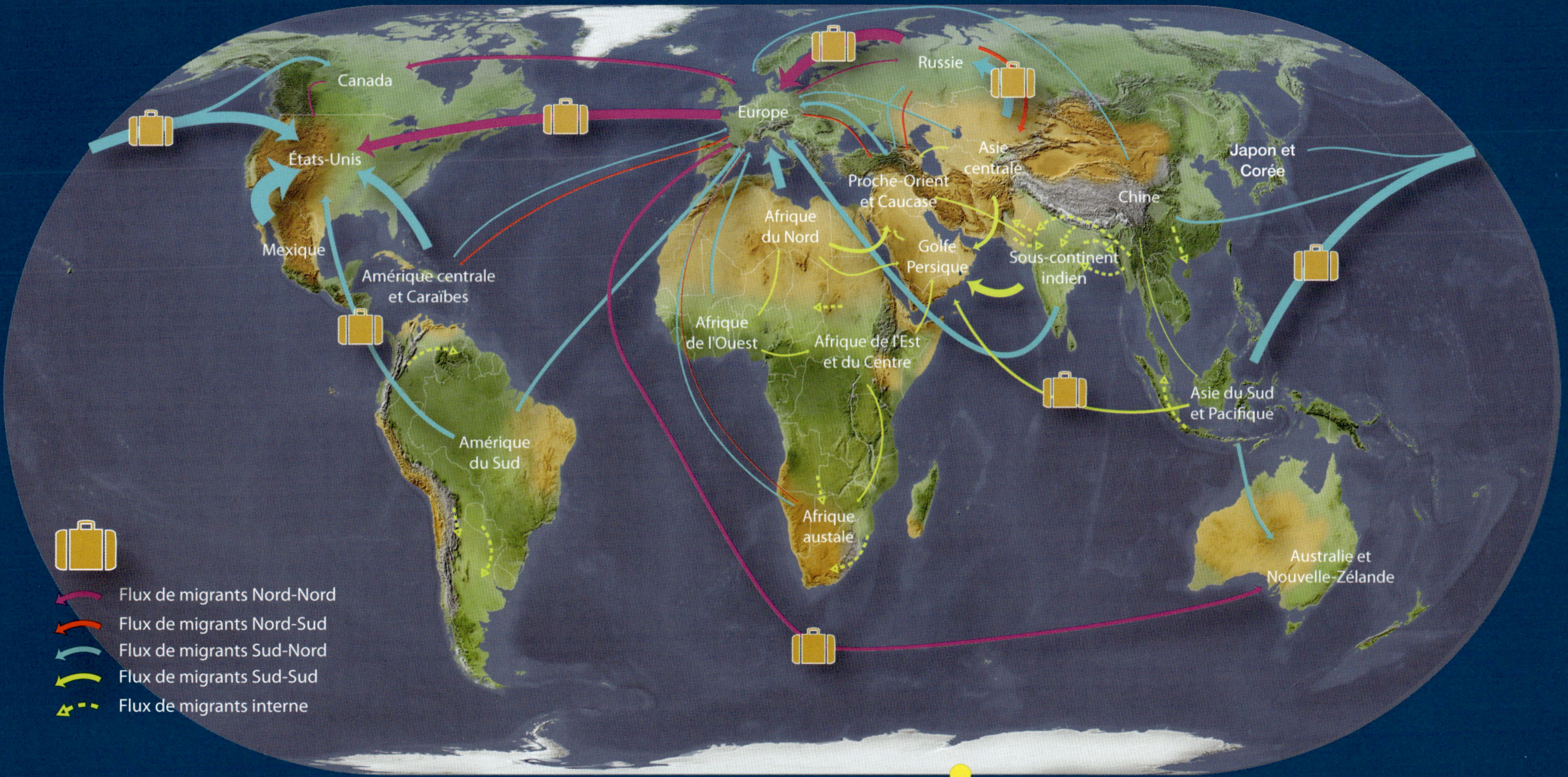

Les migrations internationales dans le monde

L'inégale répartition de la richesse dans le monde pousse certains habitants des pays pauvres à partir de chez eux. La plupart du temps, les migrants quittent un pays du Sud pour se rendre dans un autre pays du Sud. Une faible part d'entre eux tente d'atteindre l'une des régions riches du monde, comme l'Amérique du Nord ou l'Europe.

Les réfugiés, les déplacés, les demandeurs d'asile fuient les guerres et les persécutions

Environ 7 % des migrants internationaux sont des réfugiés ou des déplacés. Les plus nombreux sont des déplacés qui migrent à l'intérieur de leur propre pays, ils sont environ 26 millions à travers le monde. Les 14 millions de réfugiés, quant à eux, ont passé une ou plusieurs frontières et vivent parfois longtemps dans des camps en attendant de pouvoir retourner chez eux. Seule une minorité cherche protection dans les pays du Nord, ce sont les demandeurs d'asile. S'ils prouvent que leur vie est en danger dans leur pays, ils peuvent espérer trouver refuge en Amérique du Nord, en Australie ou en Europe.

Venir d'Inde, du Sri Lanka ou de Chine et travailler à Dubai.

VIVRE AILLEURS

Les migrants venus des pays du Sud et s'installant au Nord ont des parcours très divers : travailleurs qualifiés ou non, réfugiés ou demandeurs d'asile. Ils ne partent pas seulement pour eux-mêmes mais aussi pour leur communauté, car ils envoient de l'argent au pays et participent ainsi à son économie.

Les États cherchent à contrôler l'entrée des migrants sur leur territoire, et la politique migratoire est parfois très dure. Ces dernières années, les lois se sont durcies et certaines personnes entrées légalement et présentes depuis longtemps n'ont plus le droit de rester. Elles deviennent des « sans-papiers ».

En Europe, on cherche à attirer les personnes qualifiées comme les médecins ou les infirmières. Cette volonté de n'accueillir que certaines professions, l'immigration choisie, vient appauvrir les pays du Sud en les privant des femmes et des hommes les plus compétents.

Les immigrés apportent beaucoup aux pays où ils s'installent : ils travaillent, paient des impôts, envoient leurs enfants à l'école. Les études montrent qu'ils ont un impact positif sur l'économie. Au Canada, une politique très active facilite l'intégration des immigrés au marché du travail et à la société. Dans les pays du Sud, la situation des migrants est souvent précaire. Par exemple, les ouvriers qui travaillent à Dubai viennent de toute l'Asie et gagnent environ 150 € par mois pour 12 heures de travail par jour. Ils vivent isolés dans des baraquements loin du centre de la ville. Au Nord comme au Sud, les étrangers sont parfois l'objet de discriminations, et, en cas de difficultés économiques, peuvent devenir des boucs émissaires.

Le saviez-vous ?

Un « sans-papiers » est une personne qui vit dans un pays sans avoir les documents qui lui donnent le droit d'y rester : titre de séjour, permis de travail ou pièce d'identité. En France, en 2009, 29 000 personnes sans papiers ont été expulsées et renvoyées dans leur pays d'origine.

« On m'avait dit qu'en Amérique, les rues étaient pavées d'or. Quand je suis arrivé, j'ai découvert [...] qu'elles n'étaient pas pavées du tout [...], on attendait de moi que je les pave. »

Un immigré italien à New York, au XIXe siècle

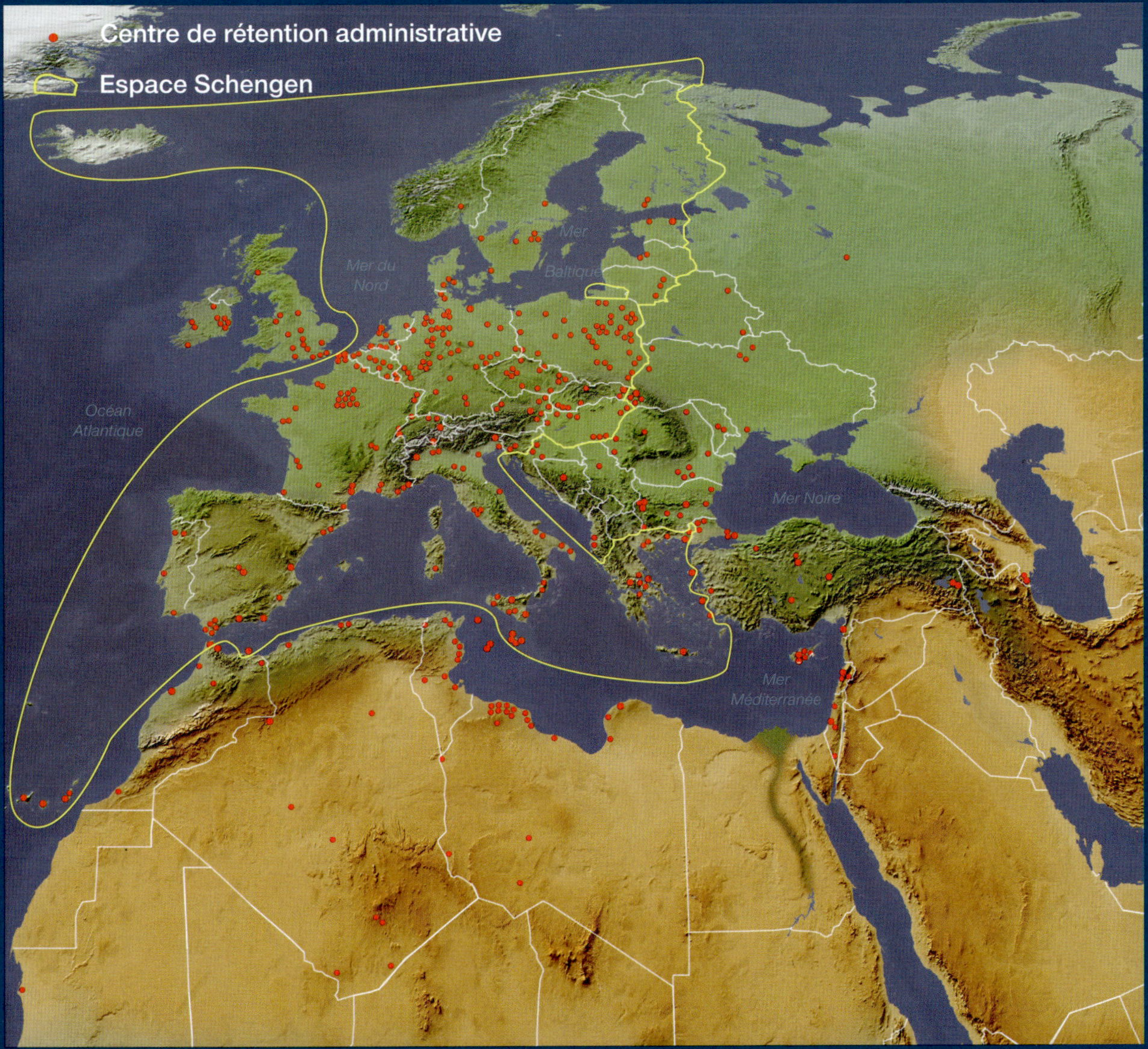

Des étrangers dans des « centres de rétention administratifs »

En Europe aujourd'hui, il existe de nombreux lieux où sont enfermés les étrangers. Certains attendent d'obtenir des papiers pour rester dans l'un des pays de l'Union européenne. D'autres ont été arrêtés parce qu'ils n'en avaient pas ; ils risquent alors d'être expulsés de l'Union.

Les immigrés, des travailleurs essentiels pour l'activité économique

Les immigrés sont nombreux à occuper des postes d'ouvriers peu ou non qualifiés. Ils représentent 20 % de la main-d'œuvre dans les secteurs du nettoyage, des services domestiques ou des entreprises de sécurité. En Île-de-France, plus de 65 % des salariés des entreprises de nettoyage et des employés à domicile sont immigrés. On les trouve principalement dans les entreprises de construction, ou dans la restauration. Ils subissent les difficultés du monde du travail : le taux de chômage des immigrés est le double de celui des non-immigrés ; les femmes immigrées étant plus touchées que les hommes.

UN MONDE EN ÉQUILIBRE ?

LE PÉTROLE, UN ENJEU MAJEUR

Tous ces objets quotidiens sont fabriqués à partir de dérivés de pétrole.

Le pétrole est une énergie fossile c'est-à-dire logée dans des roches souterraines, et non renouvelable : il ne se reconstitue pas une fois extrait. Première source d'énergie indispensable aux pays industrialisés, il permet, après avoir été raffiné, de faire rouler les voitures et les camions, de chauffer les maisons et de faire fonctionner les usines. Il entre aussi dans la composition de quantité de matériaux et d'objets de la vie quotidienne comme le plastique, les produits détergents, les chewing-gums, les ordinateurs, les baskets, le rouge à lèvres…

Les pays qui détiennent les nappes de pétrole, les compagnies qui les exploitent et l'exportent ont un grand poids dans les relations internationales.

À l'échelle régionale, le pétrole est aussi un enjeu. Dans la région du delta du Niger, au Nigeria, où les compagnies internationales exploitent les gisements, des mouvements armés se développent. Ils s'en prennent aux installations et réclament une meilleure redistribution des revenus pétroliers. Dans les pays pauvres, l'« or noir », au lieu d'être source de développement, renforce la corruption, c'est-à-dire les détournements d'argent.

Selon certaines sources, il n'y aurait pas de risque de pénurie avant 2030-2040, mais l'accroissement de la demande énergétique et les modes de vie occidentaux très consommateurs augmentent les tensions autour de la ressource pétrolière.

La course au pétrole

La Chine, pour alimenter sa très forte croissance économique, cherche de nouvelles sources d'approvisionnement en pétrole. C'est aujourd'hui en Russie, au Kazakhstan et sur le continent africain, qui possède 10 % des réserves mondiales, qu'elle les trouve. La présence chinoise en Afrique entre en concurrence avec les intérêts européens et américains qui veulent freiner cette installation chinoise. Mais les pays d'Afrique, souvent déçus par les promesses d'aides non tenues par les Occidentaux, ont besoin d'argent pour se développer et voient dans la Chine un nouveau partenaire possible. Le pétrole, les mines et le bois, contre une aide chinoise « rapide », sont le fondement de ce nouveau partenariat.

« Lorsque l'huile s'épuise, la lampe s'éteint, mais la flamme s'affaiblit graduellement. »

Zhang Xianliang

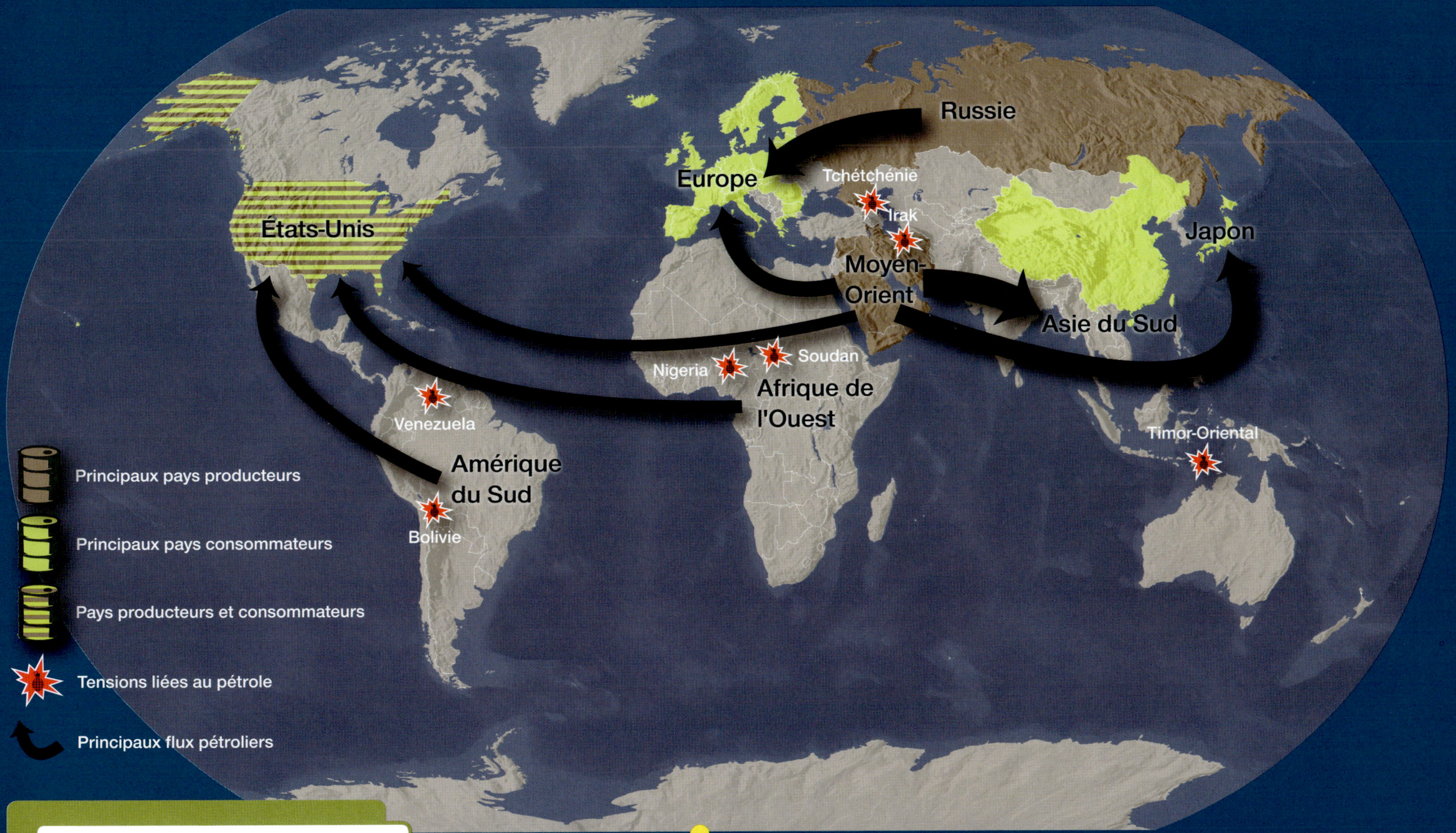

Le saviez-vous ?

Un baril de pétrole est un tonneau d'environ 159 litres qui sert d'unité de mesure au pétrole. En France, on consomme 2 millions de barils par jour, aux États-Unis 21 millions.

Le pétrole, un enjeu stratégique majeur

Le pétrole brut est surtout exploité au Moyen-Orient, en Russie et en Amérique du Nord. Il est transporté dans des oléoducs, ou dans d'immenses bateaux, les tankers, jusqu'aux pays de consommation : les États-Unis (un quart de la consommation mondiale), le Japon, l'Europe et, de plus en plus, la Chine et l'Inde. L'« or noir » est vital pour l'économie des pays importateurs, c'est pourquoi leurs militaires assurent la sécurité des routes maritimes pétrolières.

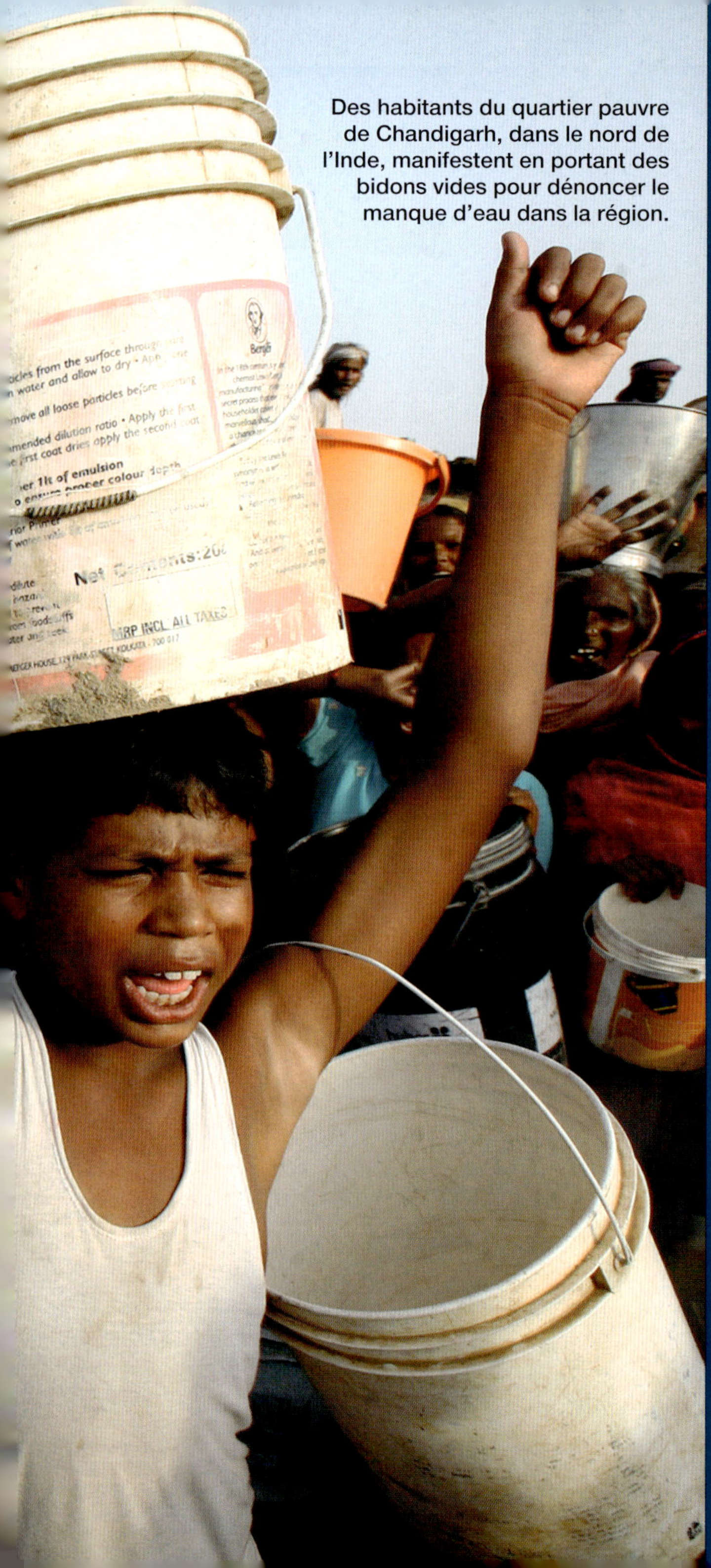

Des habitants du quartier pauvre de Chandigarh, dans le nord de l'Inde, manifestent en portant des bidons vides pour dénoncer le manque d'eau dans la région.

L'EAU, SOURCE

À l'échelle mondiale, l'eau douce est mal répartie : certaines régions du monde manquent d'eau malgré des réserves mondiales suffisantes, car l'eau ne se transporte pas, contrairement au pétrole ou aux céréales. En moyenne, 70 % de l'eau est utilisée pour l'irrigation dans l'agriculture, 20 % environ pour l'industrie et 10 % pour un usage domestique. Les inégalités d'accès sont criantes : un quart de la population mondiale vit dans des pays qui manquent d'eau, et 8 millions de personnes meurent chaque année de maladies liées à l'eau.

L'« or bleu » est une ressource essentielle. Les États cherchent à s'approprier les sources d'eau comme au Moyen-Orient, les eaux du Jourdain, entre Israël, Palestine et Jordanie, ou, en Amérique, le Rio Grande entre les États-Unis et le Mexique. La plupart des grands fleuves mondiaux traversent le territoire de plusieurs États et les besoins, toujours croissants, font de l'eau un enjeu économique et politique majeur. Mais les conflits sont encore plus fréquents à l'intérieur des États, entre des utilisateurs aux intérêts contraires, comme les agriculteurs et les urbains ou les nomades et les sédentaires.

Si l'ensemble des États n'est pas encore parvenu à s'entendre sur un « droit à l'eau » pour tous, certains grands fleuves font cependant l'objet d'accords entre pays, comme le Danube ou le Mékong.

Le saviez-vous ?

Aux États-Unis, la consommation d'eau moyenne par jour et par personne est de 400 à 600 litres ; en Europe, de 120 à 150 litres ; en Afrique de 30 litres.

Avoir de l'eau à Mexico

Au nord-ouest de la ville, on se promène au milieu d'espaces verts et de quartiers résidentiels riches constitués de grandes maisons entourées de jardins et de piscines. Au sud-est de Mexico, c'est un tout autre paysage. Là, dans les quartiers pauvres de la ville, la pression de l'eau est faible, les coupures fréquentes, et l'eau, souvent jaunâtre, est impropre à la consommation. Les habitants des quartiers pauvres doivent donc acheter l'eau qu'ils boivent.

DE TENSIONS

« Ce qui embellit le désert, dit le petit prince, c'est qu'il cache un puits quelque part… »

Antoine de Saint-Exupéry

Les eaux du Tigre et de l'Euphrate : un enjeu hydro-politique

Pour favoriser le développement économique de l'est du pays, la Turquie a lancé, en 1976, le Projet de l'Anatolie du Sud-Est, qui consiste à construire 29 barrages et 19 centrales électriques sur les fleuves Tigre et Euphrate dont elle contrôle l'amont (les sources). Ces aménagements entraînent des tensions avec ses voisins situés en aval, car pour eux le débit des fleuves s'est affaibli. Concrètement, la Syrie et l'Irak disposent de moins d'eau depuis la construction des barrages.

DES ÉTATS PLUS NOMBREUX, UNE SOLUTION ?

Les Kurdes, un peuple sans État

Les Kurdes sont un peuple du Moyen-Orient. Ils sont aujourd'hui entre 25 et 33 millions et vivent pour la plupart répartis entre six États, où ils forment des minorités souvent méprisées, voire parfois persécutées. C'est pourquoi certains d'entre eux réclament la création d'un État kurde. À elle seule, la Turquie abrite la moitié du peuple kurde.

À l'exception de la haute mer et du continent antarctique, le monde est entièrement « découpé » en États. Trois conditions sont nécessaires pour qu'un territoire soit reconnu comme un État. Qu'il ait des frontières délimitant son espace, qu'il soit habité et qu'il possède un pouvoir politique organisé (un gouvernement) reconnu par les autres États, pour pouvoir participer à la vie internationale. Il est alors considéré comme un État souverain, c'est-à-dire indépendant. L'Organisation des Nations unies en compte 192 en 2010 et, à l'Assemblée générale de cette organisation, tous ont les mêmes droits.

Certains peuples veulent devenir autonomes, se séparer de l'État dont ils font partie, souvent parce qu'ils considèrent que leurs droits ne sont pas respectés, qu'ils s'estiment discriminés ou qu'ils sont persécutés par un groupe plus puissant. C'est par exemple le cas des Palestiniens par Israël, des Tchétchènes par la Russie ou des Tibétains par la Chine. Cela entraîne des conflits, voire des guerres ouvertes, avec l'État dont ils veulent devenir indépendants. Ce dernier refuse de perdre du territoire et des ressources, et s'inquiète du risque de contagion aux autres groupes de la population si l'autonomie est accordée à l'un d'entre eux.

L'idée qu'il faudrait un État pour chaque peuple n'est pas forcément un horizon de paix car la multiplication des frontières, le découpage d'un monde en une multitude d'États peut être source de nombreux conflits. Ne faut-il pas plutôt souhaiter une organisation territoriale où des peuples différents vivraient dans un même cadre politique en respectant leurs différences et leurs droits respectifs ?

« Si vous vous asseyiez sur un nuage, vous ne verriez pas la frontière entre un pays et un autre. » Khalil Gibran

Le saviez-vous ?

Le plus petit État du monde est le Vatican : 0,44 km². Le plus vaste est la Russie : 17 098 242 km².

Des mouvements politiques pour l'indépendance ou l'autonomie

Le nombre d'États dans le monde n'est pas fixé une fois pour toutes. Il y en avait une cinquantaine en 1945 et l'ONU en reconnaît 192 en 2010, mais de nombreux peuples, plus ou moins importants en nombre et plus ou moins actifs, réclament d'être « reconnus » comme des États indépendants.

Le Monténégro, dernier-né à l'ONU

Situé dans les Balkans, le Monténégro, petit pays de 13 812 km² peuplé de 672 180 habitants, est le plus jeune État du monde. En 2006, après s'être séparé de la Serbie et avoir proclamé son indépendance, il est peu à peu reconnu comme État indépendant par les autres États du monde et devient le 192e membre de l'Organisation des Nations unies. À l'Assemblée générale de l'ONU, sa voix compte autant que celle des grands pays. Les Monténégrins s'engagent à respecter les obligations contenues dans la Charte de l'ONU et bénéficient en retour des droits et de la protection qu'elle garantit.

DES MURS QUI SÉPARENT LES HOMMES

Les murs qui sont dressés dans le monde ont différentes fonctions. Les gouvernements qui les mettent en place y voient une protection contre les attentats, contre des régimes politiques différents, une lutte contre l'immigration ou contre les trafics illégaux.

Mais les murs qui séparent les hommes sont toujours la preuve de l'échec de la politique et du dialogue. Ils fixent, et souvent aggravent, une situation de conflit ou de tension. Deux exemples de murs ont montré leur inefficacité à long terme. Si le mur entre Israël et les territoires palestiniens a diminué le nombre d'attentats commis par des kamikazes palestiniens, il a provoqué l'augmentation des tirs de roquette, depuis la bande de Gaza contre Israël. En accentuant la pauvreté dans les territoires palestiniens, il nourrit la haine et l'incompréhension entre les populations et rend la paix plus difficile à construire. Si les murs érigés par les Européens autour des territoires espagnols de Melilla et Ceuta au Maroc ont diminué le nombre des immigrants illégaux qui tentent de se rendre en Europe, ils n'ont en fait que modifié leur itinéraire. Des centaines de personnes risquent chaque mois leur vie pour contourner l'obstacle et atteindre sur des bateaux de fortune les îles espagnoles des Canaries ou pour traverser à la nage le détroit de Gibraltar.

Le mur entre Israël et la Palestine, un drame quotidien

Depuis 2002, un mur est en construction entre Israël et les territoires palestiniens. Pourtant en 2004, la Cour internationale de justice a estimé que ce mur était contraire au droit international. Aujourd'hui, 500 km de béton, de barrière électronique, de barbelés, surveillés par l'armée israélienne, serpentent à travers les territoires et séparent les populations israélienne et palestinienne, et parfois les Palestiniens entre eux. Pour se rendre de l'autre côté du mur, les Palestiniens doivent passer par un des 71 points de contrôle, ce qui peut prendre plusieurs heures. Pour le gouvernement israélien, ce mur sert à assurer la sécurité des habitants du pays, en empêchant les attentats suicides. Mais pour les Palestiniens, la vie quotidienne est devenue difficile, car ils sont souvent coupés de leur travail, de leurs écoles, des hôpitaux, et certains d'entre eux sont expropriés de leur terre à l'endroit où le mur est construit.

« Je ne veux pas que ma maison soit murée de toutes parts, ni mes fenêtres bouchées, mais qu'y circule librement la brise que m'apportent les cultures de tous les pays. » Gandhi

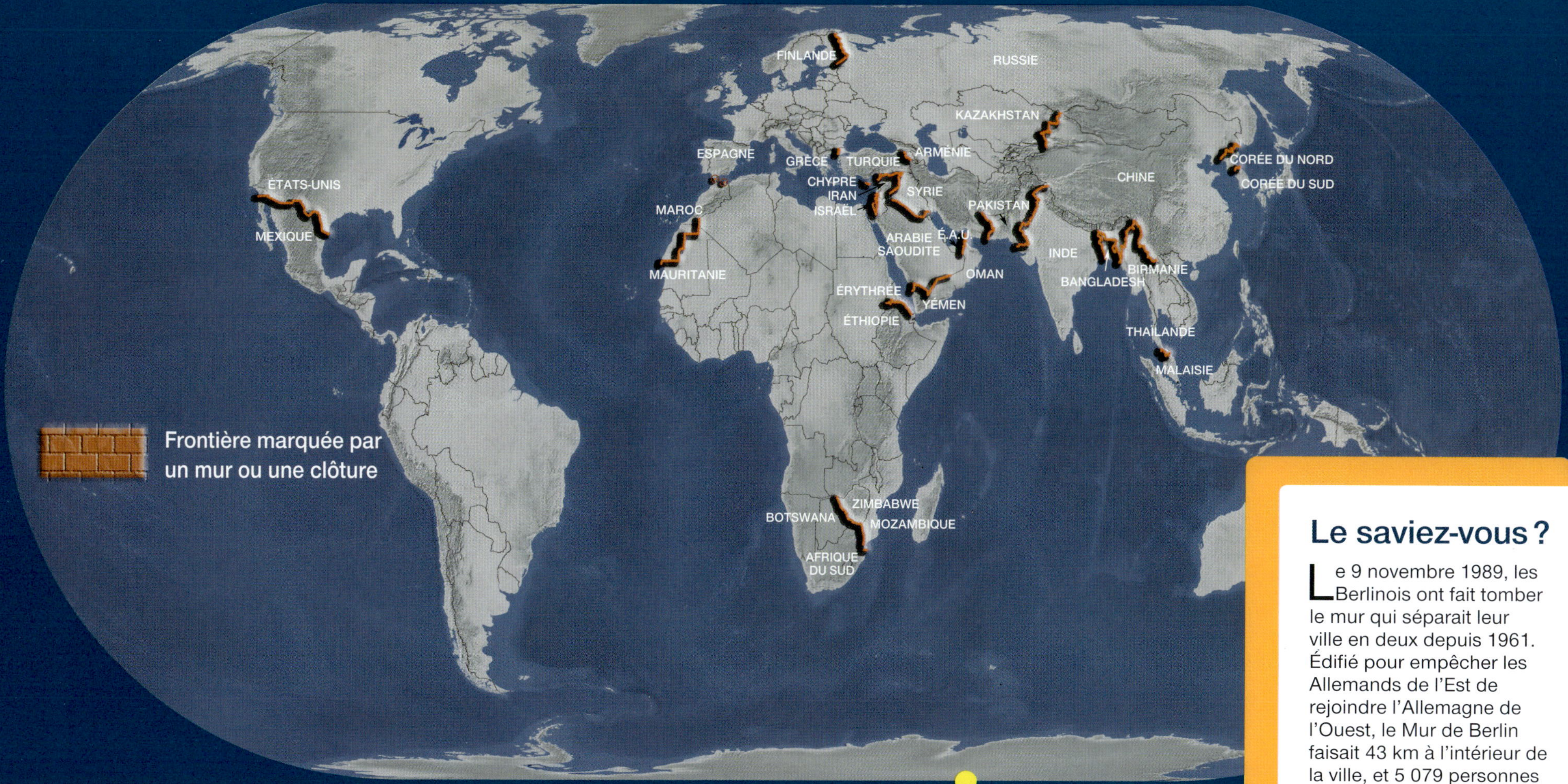

Le saviez-vous ?

Le 9 novembre 1989, les Berlinois ont fait tomber le mur qui séparait leur ville en deux depuis 1961. Édifié pour empêcher les Allemands de l'Est de rejoindre l'Allemagne de l'Ouest, le Mur de Berlin faisait 43 km à l'intérieur de la ville, et 5 079 personnes réussirent à le franchir au péril de leur vie.

Des murs et des clôtures sur tous les continents

Sur tous les continents, des murs d'acier ou de béton séparent les hommes et font obstacle à leur circulation. En 2009, 15 murs étaient ainsi en place dans le monde et 4 en construction, soit 26 000 km de barrières, l'équivalent d'un aller-retour entre Paris et Sydney. Particulièrement nombreux dans les zones de conflit, ils sont aussi dressés pour empêcher le passage des migrants qui cherchent à quitter leur pays d'origine.

PAUVRETÉ ET CONFLITS

« La lampe de la pauvreté n'a pas de lumière. » Proverbe persan

Une salle à manger familiale détruite à Gaza, en Palestine.

Les guerres ont des causes multiples : conflits pour s'emparer du pouvoir politique, ou acquérir des ressources, ou bien entre des peuples qui revendiquent le même territoire, ou encore dont l'un veut être indépendant de l'autre.

Souvent, une cause s'ajoute à une autre, mais quelles qu'en soient les raisons, la majeure partie des conflits armés se déroulent aujourd'hui dans les pays pauvres. D'une part, la pauvreté s'accompagne d'inégalités, de discriminations, d'injustices et crée un terrain favorable au déclenchement de conflits violents et armés. D'autre part, la guerre crée de la pauvreté, enfermant les pays dans un cercle vicieux, la pauvreté provoquant des conflits et les conflits à leur tour entraînant la pauvreté.

Les bombes, les armes chimiques, les mines antipersonnel tuent et mutilent des civils. Elles polluent les sols et privent de leur terre, donc de nourriture, des millions de personnes, détruisant les routes, les écoles, les usines, et rendant la reconstruction très difficile. Les guerres favorisent les trafics de toutes sortes, qui alimentent de nouveaux conflits. Enfin, le poids des guerres est également supporté par les pays voisins qui accueillent, volontairement ou non, des réfugiés.

Des millions de réfugiés dans les pays les plus démunis

Les conflits armés et les violences qui les accompagnent ont entraîné le déplacement forcé d'environ quarante millions de personnes, dont les trois quarts sont des femmes et des enfants. Qu'ils soient réfugiés dans un autre pays ou déplacés à l'intérieur de leur propre pays, ces déracinés ont tout quitté pour échapper à la guerre et aux violences. L'immense majorité des réfugiés (80 %) se trouvent dans les zones les plus déshéritées de la planète, dans des pays qui souffrent déjà de la pauvreté et pour lesquels il est difficile d'assumer cette charge supplémentaire.

Les conflits touchent surtout les pays les plus pauvres

En 2009, le monde a connu 24 conflits armés, situés principalement en Afrique et en Asie. Ce sont surtout des guerres à l'intérieur des États, même si certaines peuvent avoir une dimension internationale, comme en Afghanistan ou au Soudan. Parmi les vingt pays les plus pauvres du monde, 80 % ont connu une guerre au cours des quinze dernières années.

Le saviez-vous ?

En 2009, les dépenses militaires mondiales ont augmenté de 6 % par rapport à 2008 et de 49 % par rapport à 2000, selon l'Institut international de recherche pour la paix de Stockholm, le Sipri. Les États-Unis sont en tête de ces dépenses. Ils sont suivis par la Chine, puis par la France, assez loin derrière. Par zone géographique, c'est l'Asie-Océanie qui a le plus augmenté ses dépenses en 2009 avec une hausse de 9 %.

LES RELIGIONS SE LAISSENT-ELLES

Une carte trop simple pour un phénomène complexe

Cette carte montrant la place des religions dans le monde est courante, mais elle est fausse. Les religions sont en effet délicates à cartographier car les simplifications entraînent en fait de grosses erreurs.

- Première raison : en coloriant en un bloc d'une même couleur des groupes de pays de même religion, la carte donne une impression d'unité, de cohérence. Or, dans certains pays, la population sera très pratiquante, alors que dans d'autres pays immédiatement voisins, la religion sera un simple héritage culturel. Sont comptées par exemple comme catholiques toutes les personnes baptisées, alors que bon nombre d'entre elles ne pratiquent pas leur religion.
- Deuxième raison : en coloriant tout le pays on ne tient pas compte de la densité de population : par exemple, la moitié du continent africain est d'un seul bloc de couleur, alors que le désert du Sahara est presque vide d'habitants. La religion musulmane y apparaît donc avec une importance qu'elle n'a pas sur le terrain.
- Troisième raison : toutes les religions sont diverses, elles connaissent des évolutions, et souvent des luttes entre différents courants. Or, quand on colorie d'une même couleur la religion musulmane, on ne tient pas compte de la grande division entre sunnites et chiites, et des écoles propres à chacune de ces divisions. Or, elles n'ont ni les même pratiques, ni les même visions de la société où elles se sont développées, et sont même parfois en conflit l'une contre l'autre.
- Quatrième raison : l'unité de couleur ne montre que les religions « majoritaires ». La carte rend alors non visibles les minorités, les religions animistes, ou tout simplement les personnes qui n'ont pas de religion du tout.

« C'est dans ce que les hommes ont de plus commun qu'ils se différencient le plus. » Blaise Cendrars

CARTOGRAPHIER ?

Le saviez-vous ?

Jérusalem est trois fois sainte.
Pour le judaïsme, c'est la ville où fut construit le premier temple des Hébreux. Pour le christianisme, c'est la ville qui abrite le tombeau du Christ. Pour l'islam, c'est de Jérusalem que le prophète Mahomet est monté une nuit jusqu'au ciel.

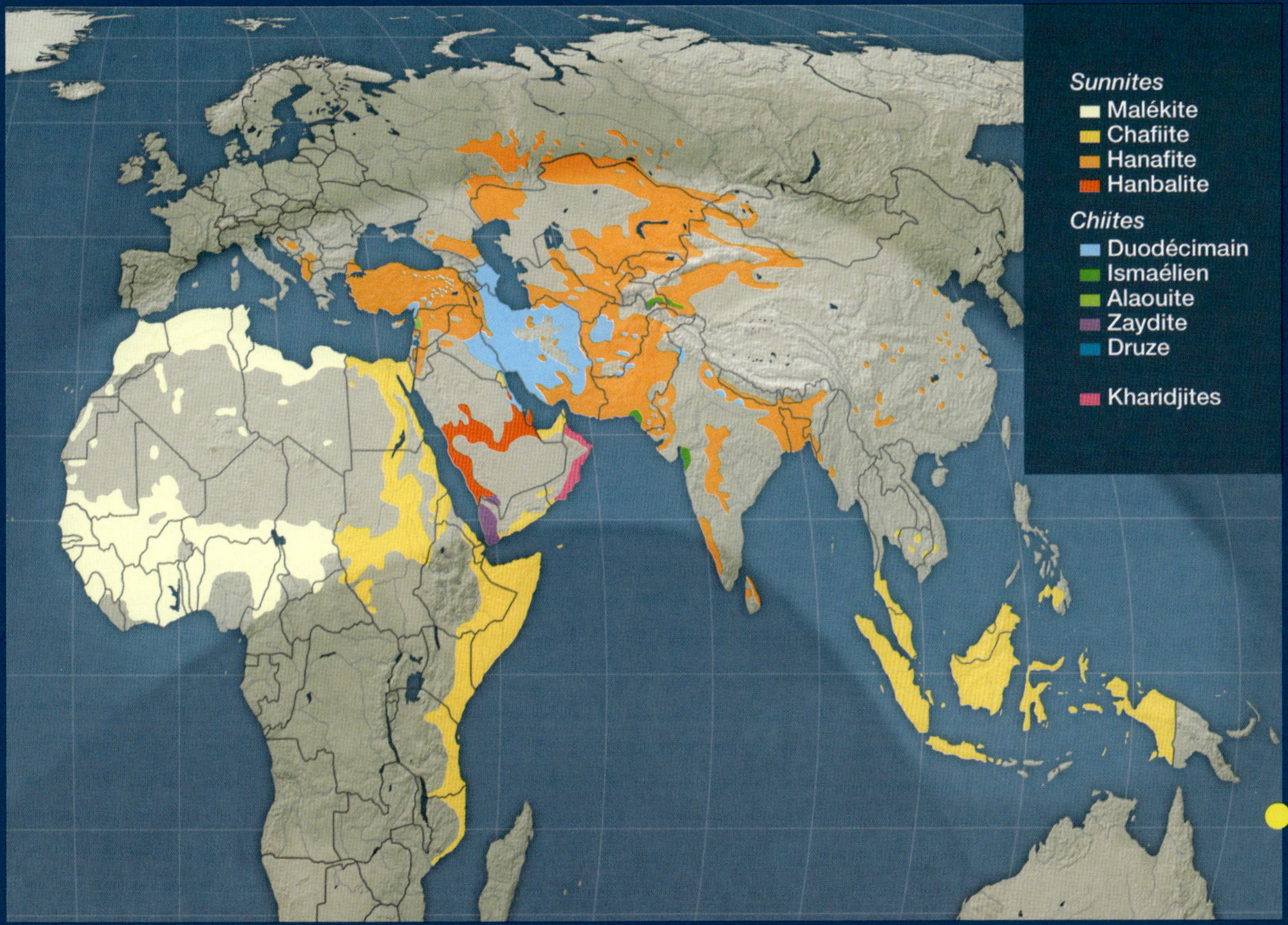

Une carte moins simple mais plus juste : l'exemple de l'islam

Ce zoom sur la religion musulmane tente d'échapper aux reproches formulés à la carte précédente. Le phénomène n'est pas représenté en suivant les frontières des États : ne sont retenues que les zones habitées. Les différents courants et écoles sont représentés par plusieurs couleurs afin de montrer que, s'il y a un islam et un texte fondateur, le Coran, il y a plusieurs interprétations, cultures et traditions musulmanes. Cette religion, comme toutes les autres, ne forme pas un bloc.

Certains États ont intégré la loi du Coran dans leur Constitution – la charia –. La place de la religion et les contraintes qu'elle peut exercer ne sont pas les mêmes dans toutes les sociétés.

Enfin, cette carte ne montre pas certaines grandes minorités musulmanes, car elles ne sont pas géographiquement localisables ou concentrées : par exemple, en Europe occidentale, elles sont entre 7 et 10 millions. Par ailleurs, en Chine, ces minorités sont estimées entre 35 et 160 millions de personnes. Cette grande différence dans les chiffres pour la Chine, montre bien le problème des sources et des statistiques !

DES PUISSANCES EN COMPÉTITION

Qu'est-ce qu'être puissant ? Politiquement, c'est avoir plus ou moins d'influence dans les organisations internationales comme l'ONU, par exemple. Au Conseil de sécurité, seuls 5 membres (Chine, États-Unis, France, Royaume-Uni, Russie) ont un siège permanent, et peuvent s'opposer à toute décision par leur « droit de veto ».

La puissance économique est liée à l'influence de la monnaie comme celle du dollar américain ou à la force de la production industrielle (grâce au coût de la main-d'œuvre bon marché...) comme celle de la Chine. Le pouvoir se mesure aussi à la force militaire en hommes, en matériel ou en armes stratégiques comme l'arme nucléaire. Les États-Unis par exemple détiennent des bases militaires sur tous les continents.

Le pouvoir culturel d'un pays à travers le monde se mesure à l'influence de sa langue, de ses modes de vie, de sa production musicale ou cinématographique. Les États-Unis sont dominants dans ce domaine ; la France, qui a été culturellement très influente par le passé, l'est encore un peu. Et c'est la Chine qui aujourd'hui comprend l'importance de ces enjeux : elle ouvre des « centres Confucius » dans le monde entier pour diffuser sa langue et sa culture. Elle cherche à véhiculer ainsi une image positive du pays dont la récente montée en puissance inquiète certains. Les domaines de compétition entre les États sont donc nombreux.

Mais, si l'État reste l'organisation fondamentale des relations internationales, les problèmes à traiter sont de plus en plus mondiaux : les crises financières, les questions d'environnement, de terrorisme, de migrations, ou encore le réseau Internet ignorent désormais les frontières.

En février 2010, Barak Obama rencontre le dalaï-lama : un geste provoquant pour les autorités chinoises

Au nom des droits de l'homme, le président américain reçoit le chef spirituel des Tibétains. La Chine occupe le Tibet depuis 1950, cette rencontre déclenche la colère du gouvernement chinois. Il accuse les États-Unis de se mêler des affaires intérieures chinoises.

« Je ne blâme pas que l'on soit de son pays, mais avant tout il faut être de l'humanité. » Alphonse Karr

Le G 20, réalité du pouvoir en 2009

Avoir une population nombreuse ou un vaste territoire peut constituer un atout pour un pays mais cela ne suffit pas à définir sa puissance. La réalité du pouvoir repose sur la combinaison de différents critères. En 1999, la création du G 20 visait à mieux intégrer les nouveaux pays émergents de l'économie mondiale en élargissant les discussions de 8 à 20 pays parmi les plus industrialisés de la planète.

Le saviez-vous ?

Il faut compter avec le BASIC ! BASIC est un acronyme qui désigne quatre puissances : le Brésil, l'Afrique du Sud, l'Inde et la Chine. Ce groupe représente 41 % de la population mondiale et 20 % du PIB mondial.

L'UNION EUROPÉENNE,

« Ne soyons plus anglais, ni français, ni allemands. Soyons européens. Ne soyons plus européens, soyons hommes. Soyons l'humanité. »

Victor Hugo

Pendant des siècles, l'Europe a été le théâtre de guerres sans cesse répétées. Pourtant, l'idée d'une union européenne n'est pas nouvelle. Dès le XIXe siècle, certains Européens imaginent des États-Unis d'Europe et considèrent, comme Victor Hugo, qu'une « guerre entre Européens est une guerre civile ». L'extrême violence de la Deuxième Guerre mondiale pousse certains Européens à agir pour fonder enfin en Europe un espace de paix qui persiste jusqu'à aujourd'hui.

L'originalité de l'Union européenne c'est d'avoir su développer un rapprochement entre ses membres par les liens commerciaux, la négociation et la préférence donnée au droit sur l'usage de la force. Par ailleurs, les pays qui veulent entrer dans l'Union européenne doivent s'engager à respecter un certain nombre d'acquis, notamment les droits de l'homme et la démocratie. Par exemple, un pays qui n'a pas aboli la peine de mort ne peut pas entrer dans l'Union européenne.

Mais pour faire vivre les principes fondateurs de liberté, de solidarité et de respect mutuel qui définissent l'Europe, l'engagement des populations européennes est indispensable. Au nom de ces principes, au Danemark par exemple, des actions concrètes sont menées pour accueillir et soigner les hommes et les femmes qui, dans le monde, ont été victimes de torture. Une meilleure connaissance de l'autre à travers notamment les voyages, les études et l'emploi renforce l'identité européenne et l'ouverture au monde.

Erasmus, pour mieux faire connaissance

Être européen c'est aussi pouvoir, à partir de la deuxième année après le baccalauréat, aller étudier... ailleurs en Europe. Partir en Erasmus signifie quitter les habitudes de sa famille et de son pays pour apprendre à vivre avec des jeunes de toute l'Europe. Depuis 1987, ce programme qui porte le nom d'Erasme de Rotterdam, un philosophe et humaniste néerlandais du XVIe siècle, a déjà profité à plus de 2 millions d'étudiants européens. Depuis 2007, il concerne aussi les étudiants des filières professionnelles. Les étudiants perçoivent une allocation pour financer leurs études. En France aujourd'hui, toutes les universités participent à ce programme.

ESPACE DE PAIX

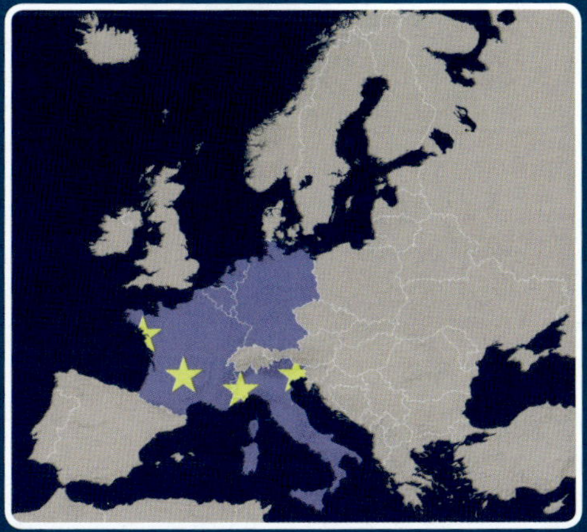

1958

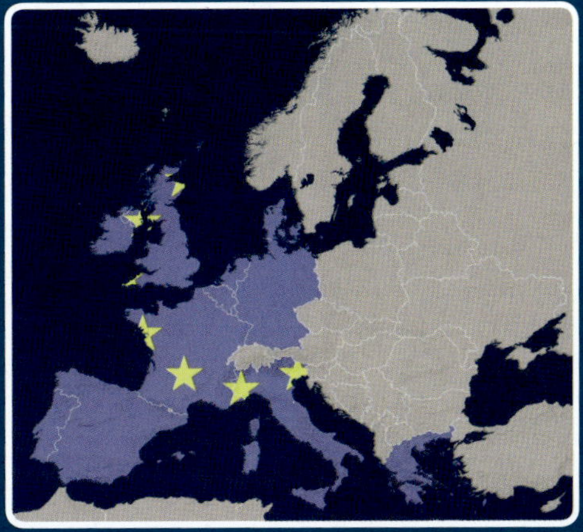

1986

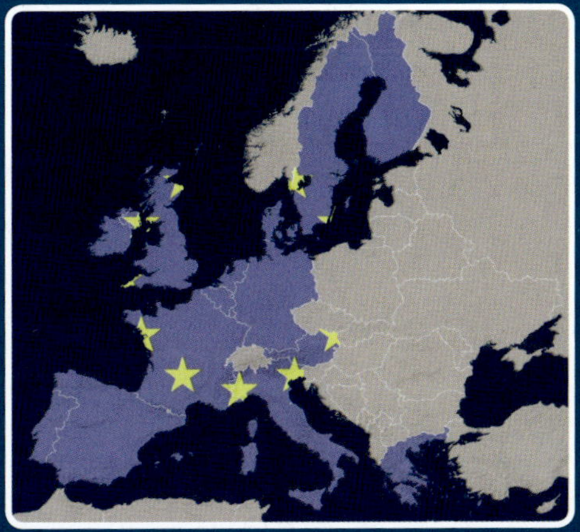

1995

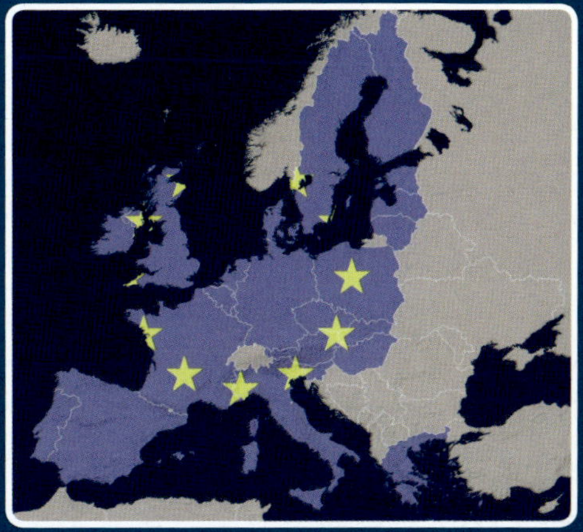

2004

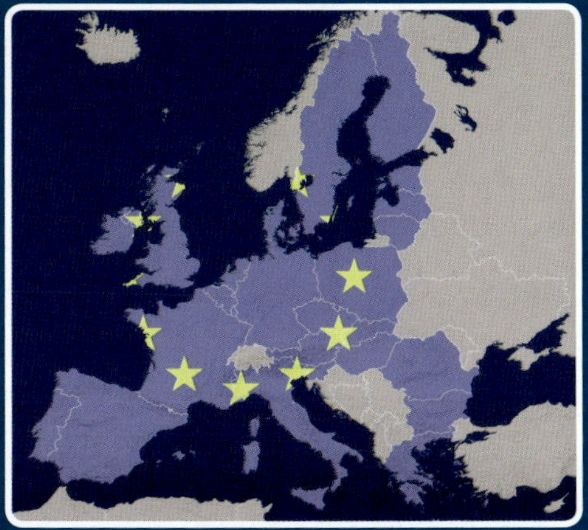

2010

Après deux guerres mondiales au XXe siècle, comment réconcilier des ennemis ?

Concrètement, l'Allemagne et la France décident de mettre en commun leurs productions de charbon et d'acier indispensables à leurs économies respectives. Cette première coopération entraîne la signature, par six États, du traité de Rome en 1957, donnant naissance au Marché commun, puis à la Communauté économique européenne. Depuis, l'Europe politique s'est élargie en intégrant de plus en plus de pays. Elle compte 27 membres depuis 2007 et se nomme désormais « Union européenne ».

Le saviez-vous ?

Les étoiles du drapeau européen symbolisent l'unité, la solidarité et l'harmonie entre les peuples européens. L'hymne est extrait de la 9e symphonie de Beethoven. La devise de l'Europe est « Unie dans la diversité ». La journée de l'Europe est le 9 mai.

L'EUROPE, POUR QUOI FAIRE ?

Comment l'Europe fonctionne-t-elle ? Les pays membres renoncent à une part de leur souveraineté, c'est-à-dire à une part de leur pouvoir en tant qu'État, pour construire une association avec d'autres États. Ils décident le transfert de ce pouvoir à une institution au-dessus d'eux, dite « supranationale ». Par exemple, 16 pays de l'Union ont abandonné leur monnaie nationale en 2000, le franc en France, le mark en Allemagne, la peseta en Espagne, pour créer ensemble une monnaie commune, l'euro.

L'Union européenne est un succès et un modèle dans de nombreux domaines. Elle protège mieux qu'ailleurs les droits des personnes et elle est l'une des régions les plus riches du monde : en 2009, l'Union a produit 32 % de la richesse mondiale, alors qu'elle ne compte que 6,5 % de la population mondiale. Elle finance et organise des opérations de maintien de la paix en Afrique et en Asie et est le premier contributeur au monde pour l'aide au développement des pays pauvres.

Mais elle se heurte aussi à des difficultés, car deux visions de son avenir s'opposent. Soit elle se limite à l'aspect économique pour s'insérer davantage dans la mondialisation, ce qui revient à défendre l'idée d'une Europe avant tout économique. Soit elle pousse plus loin la coopération politique, pour donner plus de poids aux institutions supranationales, renforcer l'union et mieux faire entendre ses positions à l'échelle mondiale. C'est toute la difficulté d'être « Une Union faite de Vingt-Sept » ! Trouver l'équilibre entre l'unique et le multiple, le singulier et le pluriel est d'autant plus difficile que les différences de développement et de mentalités sont grandes entre les pays, et que les idées nationalistes ne sont jamais bien loin.

« L'Europe est trop grande pour être unie, mais elle est trop petite pour être divisée. Son double destin est là. » Daniel Faucher

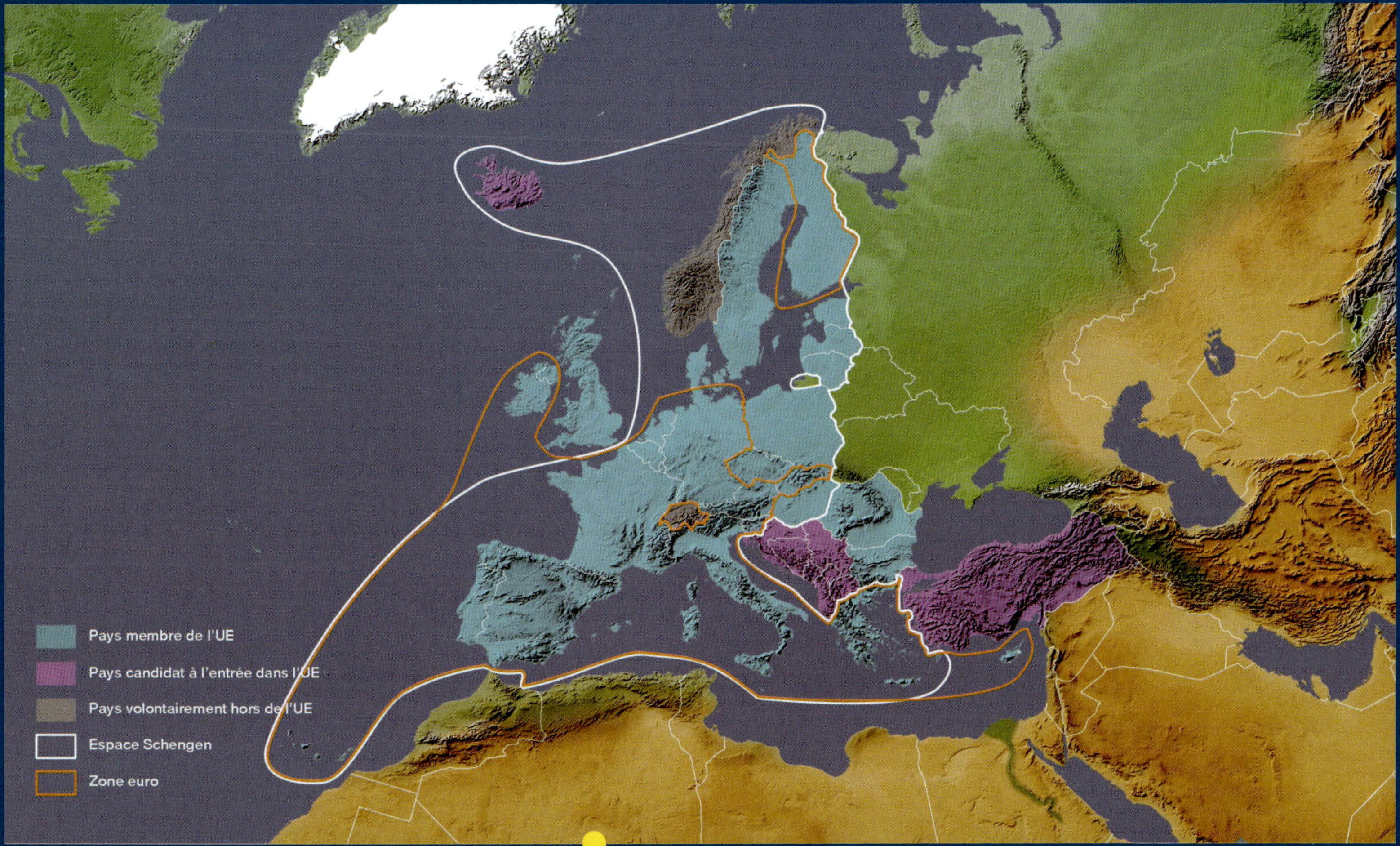

L'Europe, un « continent » à géométrie variable

L'Europe géographique est bordée par l'océan glacial Arctique au nord, l'océan Atlantique à l'ouest et la mer Méditerranée au sud. À l'est, en revanche, les limites sont imprécises car la géographie ne donne aucune indication nette. L'Europe politique, qui porte le nom d'Union européenne, inclut de plus en plus d'États et s'élargit vers l'est et le sud. On peut être européen sans appartenir à l'Union européenne comme les Suisses ou les Norvégiens, ou appartenir à l'Union européenne sans avoir adopté la monnaie européenne, comme les Britanniques.

Le saviez-vous ?

Le Parlement et la Cour européenne des droits de l'homme siègent à Strasbourg ; la Commission européenne est à Bruxelles ; la Banque centrale européenne à Francfort et la Cour européenne de Justice à Luxembourg.

La Cour européenne protège les droits de 800 millions d'Européens

Instituée en 1959, la Cour européenne des droits de l'homme peut être saisie par des gens ou des États qui estiment que leurs droits n'ont pas été respectés dans leur pays. Pour rendre la justice, elle se réfère à la Convention européenne des droits de l'homme, un traité international signé par 47 États européens, qui interdit notamment la torture et les peines ou traitements inhumains, l'esclavage ou le travail forcé. La Convention garantit entre autres le droit à la vie, le droit à un procès équitable, le droit au respect de la vie privée et familiale, la liberté d'expression, la liberté de pensée, de conscience et de religion. En près d'un demi-siècle, la Cour a rendu plus de 10 000 décisions. Ses arrêts s'imposent aux États et obligent les gouvernements à modifier leurs lois.

UN MONDE ET DES HOMMES À RESPECTER

DES PEUPLES

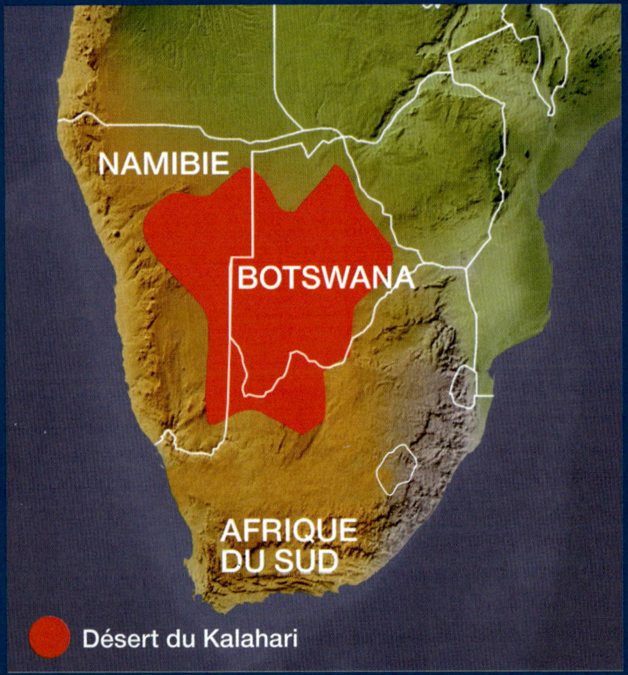

En Afrique... les Bushmen du Kalahari

Dans la région semi-désertique du Kalahari, au Botswana, petit État de l'Afrique australe, vit le peuple des Bushmen, « les hommes de la brousse ». Ils sont chasseurs, cueilleurs, vivent dans des villages, à l'écart des villes et des grandes routes. Mais sous la terre de leur réserve ont été découvert des gisements de diamants. Des représentants du gouvernement du Botswana sont donc venus dire aux Bushmen qu'ils devaient quitter leur terre, pour laisser la place à l'exploitation de ces diamants. Plusieurs vagues d'expulsion ont eu lieu en 1997, et à nouveau en 2002 et en 2005. Devant le refus des Bushmen, leurs écoles ont été fermées, puis les centres de santé, puis les sources d'eau, puis leurs huttes détruites. Ils ont ensuite été déplacés dans des « camps de relocalisation ».

Ils n'ont maintenant plus le droit de chasser.

La Haute Cour du Botswana a pourtant jugé, en 2006, leur expulsion illégale. Mais le gouvernement a autorisé la compagnie Gems Diamonds à creuser la terre des Bushmen, et à un Tour Opérator de construire des « lodges » avec piscine pour des safaris touristiques.

En juin 2010, le peuple des Bushmen intente un procès au gouvernement du Botswana.

Le saviez-vous ?

Plus de 5 000 peuples – nommés premiers, indigènes, autochtones, ou encore préindustriels – représentent environ 300 millions de personnes dans le monde. Ils sont considérablement fragilisés, ou même parfois menacés de disparition. Cela est dû à la diminution progressive de leur espace de vie et de leur habitat naturel ; parce qu'ils sont souvent expulsés de leurs territoires, pour laisser la place à l'agriculture, aux plantations, à la construction ou à l'extension des villes, aux exploitations minières, à la construction de barrages immenses. Tout aussi grave, ils sont dans leur propre pays, souvent méprisés, et considérés comme « inférieurs » !

EN DANGER

« Sais-tu où vont les larmes des peuples, quand le vent les emporte ? »

Alfred de Musset

En Océanie... les Papous d'Irian Jaya

Les Papous sont des Mélanésiens. Divisés en une multitude de tribus, ils vivent depuis près de 40 000 ans dans l'île de Nouvelle-Guinée. Cette île est divisée entre la Papouasie-Nouvelle-Guinée, État indépendant, et l'Irian Jaya, province de l'Indonésie. Là, en Irian Jaya, il y a des mines de nickel, de cuivre, des réserves de gaz, et surtout la mine de Grasberg, la mine d'or la plus rentable au monde, car le minerai s'y extrait à ciel ouvert. La mine est exploitée par la compagnie américaine Freeport Mac Roran, qui assure la sécurité de ses ingénieurs de façon très musclée, et se fait aider pour cela par l'armée indonésienne.

Cette exploitation minière n'a jamais su se faire accepter par les tribus papous pour plusieurs raisons :

- L'Irian Jaya reste la province la plus pauvre d'Indonésie, malgré ses ressources naturelles. Or les Papous vivant en Irian Jaya touchent chaque année environ 6 % des revenus venant de la mine, les 94 % restants étant partagés entre la compagnie Freeport et le gouvernement central indonésien.
- Ensuite, la dégradation de l'environnement liée à l'exploitation de cette mine est majeure : déforestation massive, cours d'eau empoisonnés par les rejets miniers, mettant en danger la santé des habitants. Cette exploitation minière a entraîné des expropriations et des déplacements de populations : plusieurs milliers de Papous ont été contraints de quitter les lieux, alors que, pour eux, la terre et la montagne sont sacrés.
- Enfin, lorsqu'il y a eu des manifestations d'étudiants à Jayapura, la capitale de la Papouasie, demandant la fermeture de la mine de Grasberg, cela a débouché sur des affrontements violents entre les services de sécurité indonésiens et les manifestants papous. Mais la question de la mine de Grasberg dépasse de loin la seule cause du peuple papou : le prix du cuivre et le prix de l'or sur les marchés mondiaux ne cessent de monter depuis 2006.

Dans l'Arctique... les Inuits

Peuples des régions arctiques, les Inuits ont plus d'une dizaine de mots pour dire la neige. *Aniu* désigne la neige propre pour faire de l'eau, *aputi* la neige sur le sol, *masak* la neige mouillée en train de tomber, *qanik* la neige en train de tomber, *sirmiq* la neige fondante servant à cimenter l'igloo.... Mais il n'y a plus beaucoup d'igloos ! Si les Inuits du Canada, du Groenland ou ceux qui vivent sur le territoire de la Russie ne sont pas à proprement parler en voie de disparition, le réchauffement du climat mondial, très net dans l'Arctique, entraîne une fonte des glaces qui est en train de modifier radicalement leur mode de vie.

LA BIODIVERSITÉ ANIMALE

Depuis l'apparition de la vie sur terre, il y a environ 3 milliards d'années, les espèces naissent, se développent et s'éteignent. Mais, nous assistons depuis une trentaine d'années à une accélération du rythme des disparitions. Chaque jour, 50 espèces vivantes disparaissent, des oiseaux, des mammifères, des amphibiens, des espèces végétales. Près de 16 000 espèces sont menacées d'extinction.

Plusieurs raisons expliquent cette situation, et l'homme en est directement responsable : la dégradation des milieux naturels où vivent ces espèces du fait de la déforestation, de l'agriculture intensive, de la surpêche, de la poussée urbaine et de la pollution ; le trafic des animaux et des plantes, interdit mais très lucratif (certains serpents d'Asie sont achetés 230 000 euros !) ; le dérèglement climatique qui, avec la fonte de la banquise par exemple, menace les ours polaires. Or, la préservation de la biodiversité est une condition indispensable à la vie de l'homme sur terre : notre alimentation en dépend, la plupart des médicaments sont fabriqués à partir de plantes trouvées dans la nature, et ce sont les plantes qui contribuent à la régulation de l'atmosphère en absorbant le CO_2 et en rejetant de l'oxygène.

Agir pour la conservation de la biodiversité, comme le font de nombreuses organisations et comme chacun peut le faire à son niveau en consommant de manière réfléchie, est donc une nécessité pour l'avenir de l'homme sur terre.

« Toutes les fleurs de l'avenir sont dans les semences d'aujourd'hui. »

Proverbe chinois

Le saviez-vous ?

La lutte contre la biopiraterie porte ses fruits ! Le sacha inchi, graine dont on extrait de l'huile, est cultivé depuis plus de 3 000 ans par les populations amazoniennes. Une entreprise de cosmétique française, Greentech, a déposé un brevet disant qu'elle avait inventé l'utilisation de cette plante, obligeant ainsi les populations à payer pour l'employer ! Grâce aux actions menées par des organisations internationales, le brevet a été annulé.

L'orang outan

Évalués à 315 000 il y a 100 ans, les orangs-outans ne seraient plus aujourd'hui qu'entre 50 000 et 60 000 vivant à l'état sauvage dans le monde, dont 80 % dans les îles de Sumatra et de Bornéo. Ils sont en danger à cause de la réduction de la superficie de la forêt tropicale.

Le tigre

Les tigres étaient environ 100 000 dans le monde il y a cent ans, ils ne seraient plus aujourd'hui que 3 200 au total en Inde, en Sibérie, en Indonésie et en Asie du Sud-Est. Ils disparaissent à cause de la réduction de leur habitat et du commerce illégal dont ils sont l'objet : leur fourrure, leurs os, leurs organes, leur tête. Les contrôles sont très insuffisants pour mettre fin à ce commerce.

ET VÉGÉTALE MÉPRISÉE

Menaces sur la biodiversité

Certains lieux sur terre, dans les mers et les rivières présentent un intérêt écologique majeur, car ils abritent une variété considérable d'espèces. Ces zones de grande biodiversité sont surtout localisées de part et d'autre de l'équateur, là où la chaleur et l'humidité favorisent leur développement : en Amérique latine, en Afrique centrale et orientale, en Asie du Sud et du Sud-Est. Ce sont précisément dans ces régions que les espèces sont particulièrement menacées, ou en voie de disparition.

Guépard au Kenya

Caracal en Namibie

Rhinocéros unicorne

Dauphins

Acajou à Cuba

Racines de Gingseng

DES TERRITOIRES EN PÉRIL

Femme revenant de corvée d'eau

Les effets dramatiques du changement climatique dans le sud-ouest du Bangladesh
L'élévation du niveau de la mer provoque la salinisation des sols, c'est-à-dire une augmentation de la présence de sel dans la terre et dans les nappes d'eau souterraines. Cela rend les sols difficilement cultivables et oblige les femmes à aller de plus en plus loin pour trouver de l'eau potable.

Dans une fine couche de sol d'environ un mètre à la surface de la Terre, se trouvent les nutriments permettant aux végétaux de pousser et aux hommes de se nourrir. Or, depuis plusieurs décennies, on constate une dégradation rapide des sols.

De nombreuses causes sont à l'origine de cette fragilisation : l'utilisation de machines qui creusent en profondeur, le commerce des bois tropicaux qui fait disparaître des pans entiers de forêts, les installations touristiques qui se développent sur les côtes, l'extension des villes, la croissance démographique qui oblige les plus pauvres à défricher des terres jusque là non cultivées pour survivre, l'augmentation du bétail qui, en broutant et tassant le sol, le rend stérile. Moins protégés, les sols subissent l'érosion du vent, de la pluie et perdent leur fertilité.

En détruisant les forêts, on augmente les émissions de CO_2 dans l'atmosphère, ce qui accentue le dérèglement climatique, et on fait peser une menace sur la biodiversité et sur les peuples qui y vivent. La montée des eaux, du fait de la fonte des glaces de l'Arctique et des glaciers des régions montagneuses, risque d'engloutir les îles et les basses terres. De plus en plus de gens sont obligés de quitter leur lieu de vie devenu inhospitalier. Ce déplacement de millions de personnes risque d'entraîner des tensions et il va falloir trouver un statut juridique à ces nouveaux « réfugiés climatiques ».

« Les vrais paradis sont les paradis qu'on a perdus. » Marcel Proust

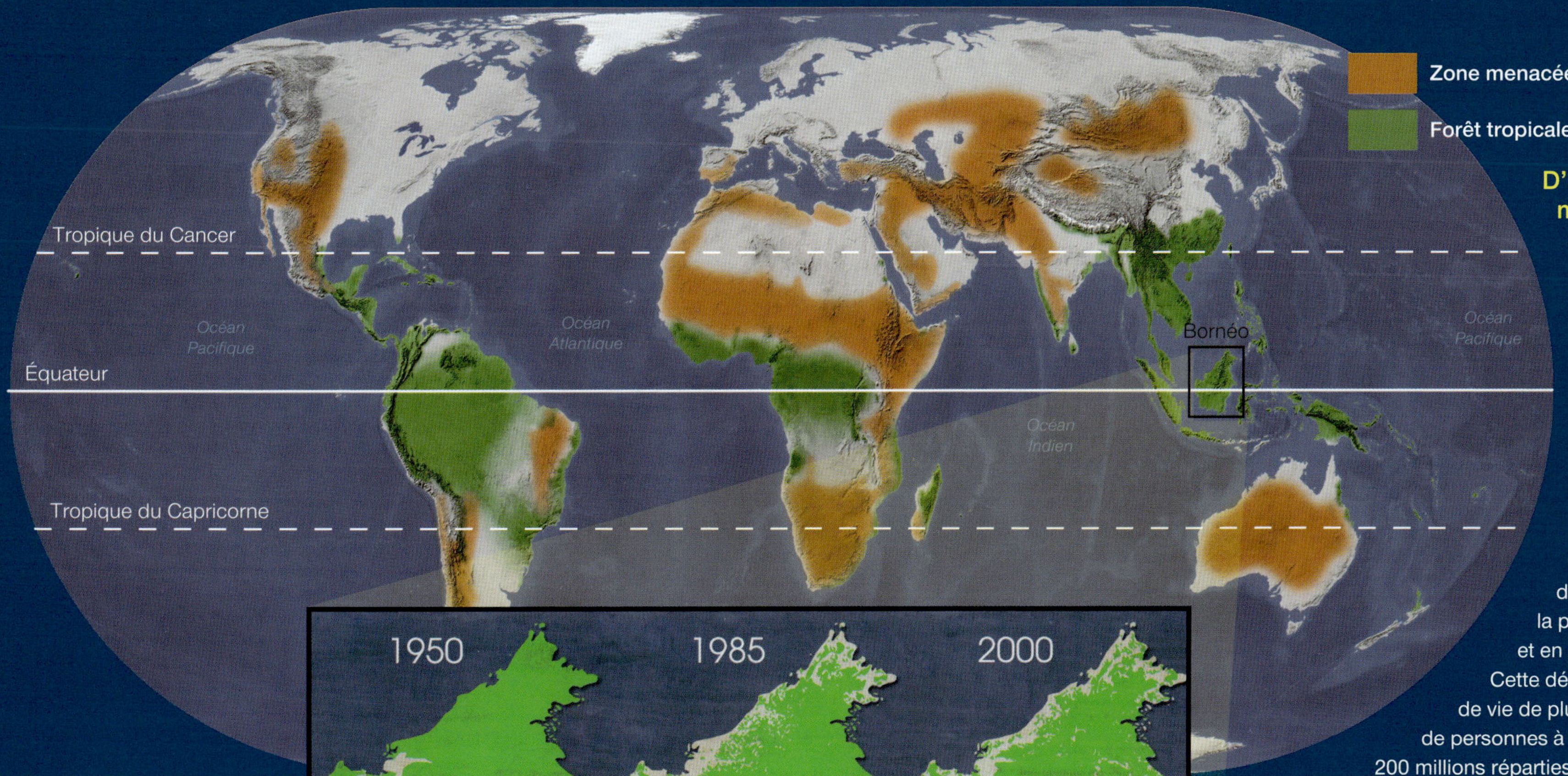

D'immenses territoires menacés par la déforestation et la désertification

Les activités humaines entraînent une dégradation des sols. La déforestation touche particulièrement les forêts tropicales d'Amérique du Sud, d'Afrique et d'Asie du Sud-Est. La désertification touche plus d'un tiers des terres émergées de la planète, surtout en Afrique et en Asie (Inde, Pakistan...). Cette désertification menace le lieu de vie de plus de 800 millions de personnes à travers le monde, dont 200 millions réparties dans 38 pays africains.

L'île de Bornéo, en Asie du Sud-Est est couverte par la forêt tropicale

Ou plutôt était couverte. Car lorsque l'on compare ces six cartes, on mesure à quel point la superficie de la forêt « primaire » a diminué en cinquante ans.

Le bois de cette forêt sert à la construction, à se chauffer, à faire le feu pour la cuisine. La forêt est également peu à peu remplacée par des plantations de palmiers, dont l'huile sert à l'industrie agro-alimentaire et à produire des « agro carburants ».

Le saviez-vous ?

Un différend entre États réglé par la montée des eaux...
Une île du golfe du Bengale que se disputaient depuis près de trente ans l'Inde et le Bangladesh a aujourd'hui disparu sous l'effet de la montée de la mer. Cette île minuscule, appelée New Moore en Inde et South Talpatti au Bangladesh, a fini par être entièrement submergée par la mer, en mars 2010.

LA RICHESSE DES OCÉANS

La croissance démographique et le développement des activités sur les littoraux augmentent l'exploitation des ressources océanes. Alors que l'on pêchait 13 millions de tonnes de poissons en 1950, on en pêche aujourd'hui 90 millions de tonnes chaque année, car le poisson est de plus en plus consommé dans le monde. Certaines espèces n'ayant pas le temps de se reproduire sont menacées de disparition, comme le thon rouge ou l'espadon.

Cette situation entraîne une forte concurrence entre les pays qui ont accès à la mer. Les pêcheurs traditionnels sont en rivalité avec les chalutiers modernes qui peuvent capturer beaucoup plus de poissons. Des méthodes radicales, et de plus en plus utilisées, comme la pêche à l'explosif, entraînent des gaspillages immenses.

L'océan reçoit une grande part de la pollution due aux rejets des côtes, liée aux activités humaines et industrielles. Les cours d'eau transportent les pesticides venant de l'agriculture, de l'industrie ou les déchets domestiques. De plus, l'exploitation du pétrole en mer ou les accidents lors du transport peuvent produire des marées noires. Les pétroliers, malgré les interdictions, continuent de nettoyer leurs cuves en pleine mer et déversent d'importantes quantités de pétrole dans les océans. Il existe aujourd'hui des zones, dites « zones mortes », car très pauvres en oxygène. Elles se situent au large des côtes où se concentrent les activités industrielles comme dans le golfe du Mexique ou sur certaines côtes de la Méditerranée. Plusieurs traités internationaux tentent d'améliorer la gestion des ressources.

« Ô mer, nul ne connaît tes richesses intimes. » Charles Baudelaire

Pollution d'une rivière de Jakarta, en Indonésie, par les déchets plastiques

L'océan est-il une poubelle ?

Dans le Pacifique nord, les courants océaniques charrient des millions de tonnes de plastique. Leur accumulation a fini par former plusieurs îles, la plus grande couvrant une zone comme six fois la France, localisées entre les côtes d'Hawaii et celles de l'Amérique du Nord. Non seulement ces « îles » s'étendent – leur superficie a triplé depuis 1997 – mais leur épaisseur atteint maintenant 30 m. Le plastique n'est pas biodégradable, sa durée de vie est d'environ cinq cents ans. Il se décompose petit à petit dans la mer en de minuscules morceaux que les animaux confondent avec de la nourriture, et ils en meurent.

MENACÉE

Le saviez-vous ?

Les récifs coralliens sont indispensables à l'équilibre des océans et à la vie sur terre. Plus de la moitié sont menacés alors qu'ils abritent environ un million d'espèces sous-marines et leur fournissent de quoi se nourrir.

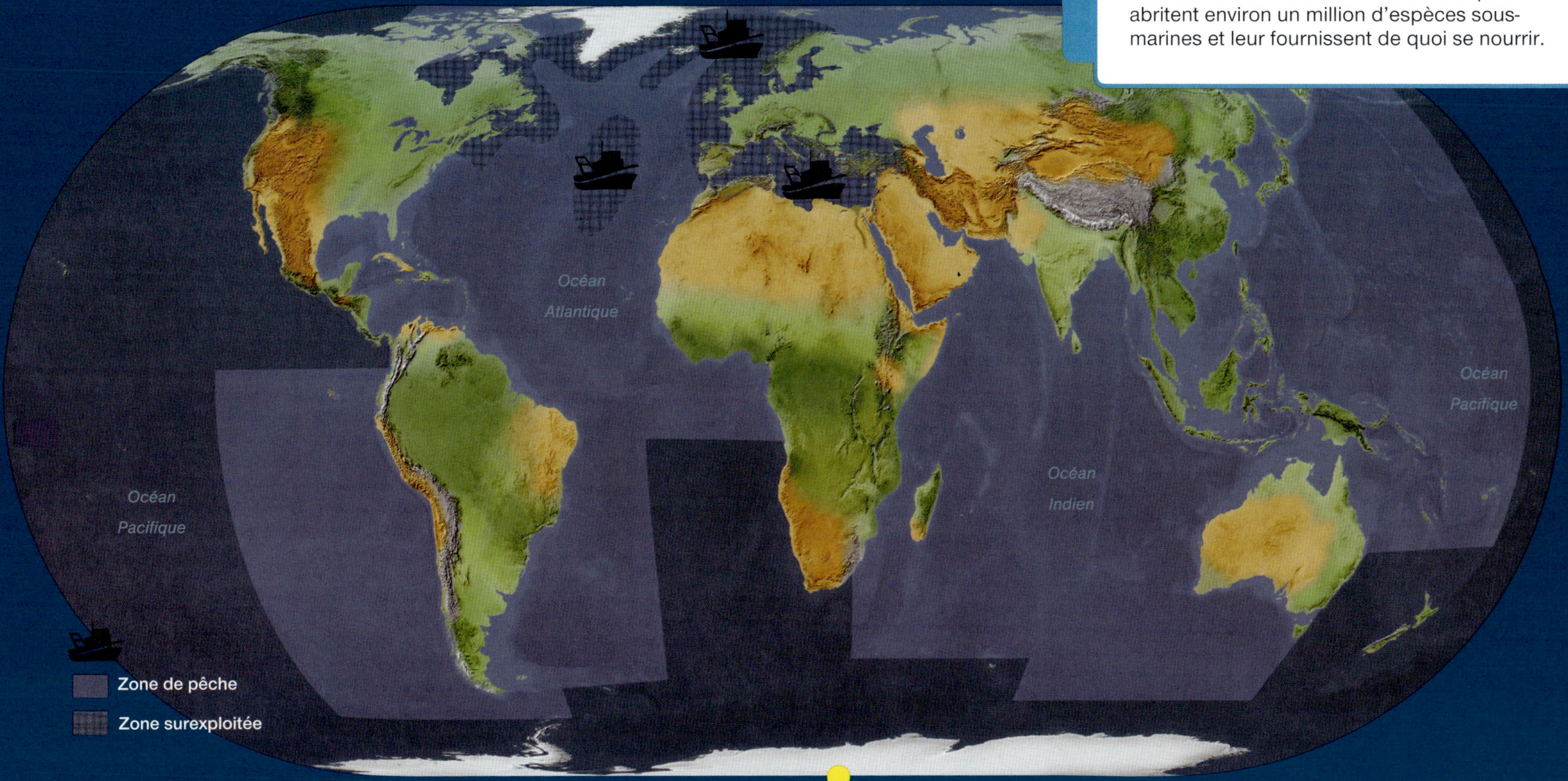

La pêche industrielle menace les milieux marins.

Les océans recouvrent 71 % de notre planète. Ils contiennent 80 % de la biodiversité, du microscopique plancton aux baleines géantes. Ces richesses sont menacées par la pollution provenant des zones côtières, l'extraction pétrolière et la surpêche. Des règlements internationaux interdisent la pêche de certaines espèces ou fixent des plafonds pour les captures, mais de nombreux pays ne respectent pas ces « quotas », les espèces n'ont pas le temps de se reproduire, et les réserves de poissons continuent de diminuer à travers le monde. Les immenses filets entraînent aussi la mort de dauphins et de requins qui ne sont pourtant pas consommés.

QU'EST-CE QUE LE CHANGEMENT CLIMATIQUE ?

Les scientifiques débattent des causes et des conséquences du changement climatique et surtout de la responsabilité des activités humaines dans ce dernier. Pour autant, certains constats s'imposent.

En un siècle et demi, la planète a gagné 0,8° C, et plus il fait chaud, plus les glaces fondent : ce phénomène est constaté pour la banquise, les calottes polaires et les glaciers des montagnes. Ces derniers perdent en moyenne 50 mètres tous les dix ans. L'évolution du climat est un phénomène naturel, mais les activités humaines augmentent les émissions de gaz à effet de serre dans l'atmosphère : circulation automobile, usines, production d'électricité, chauffage sont les principales sources de pollution de l'air.

Les conséquences pour l'humanité sont difficiles à prévoir ; cependant, on constate déjà des changements sur la faune et la flore. Les oiseaux migrateurs anticipent leurs migrations, les territoires de nombreuses espèces s'étendent vers le nord ou gagnent des zones plus élevées en altitude.

Dans les pays développés, le mode de vie des habitants favorise les émissions de gaz à effet de serre. Mais c'est dans les pays pauvres, qui émettent cependant peu de gaz à effet de serre, que les conséquences sont les plus dramatiques. C'est là que l'on compte le plus de réfugiés climatiques.

Réduire les émissions de CO_2, faire des économies d'énergie grâce aux progrès techniques, mais aussi changer les habitudes, les modes de vie, pourrait limiter l'impact des activités humaines sur le climat. Tous ces éléments ont leur importance et chacun peut jouer un rôle.

Le saviez-vous ?

Les réfugiés climatiques qui ont fui des catastrophes naturelles liées au changement climatique étaient 20 millions en 2008. L'ONU prévoit qu'ils seront 200 millions en 2050.

Attention, ça chauffe !

La Terre est entourée par une enveloppe gazeuse qu'on appelle l'atmosphère. Éclairée et chauffée par le Soleil, la Terre renvoie une partie de cette chaleur vers l'espace, l'autre partie se retrouve « piégée » par certains gaz présents dans l'atmosphère. Les gaz qui capturent la chaleur du Soleil sont nommés « gaz à effet de serre », cette « serre » se trouvant entre le sol et la limite supérieure de l'atmosphère. Deux de ces gaz, le dioxyde de carbone CO_2 et le méthane, sont en forte augmentation depuis environ 150 ans. Depuis le début de la révolution industrielle, l'homme a utilisé du charbon, puis du pétrole et du gaz comme source d'énergie. Or, la combustion de ces fossiles rejette du CO_2, et c'est en partie à cause de ces émissions que le climat se réchauffe depuis la fin du XXe siècle. Les scientifiques pensent que, même si d'autres facteurs entrent en compte, ce réchauffement climatique est essentiellement dû aux facteurs humains.

Cette courbe montre l'augmentation des émissions de dioxyde de carbone – CO_2 – dans l'atmosphère

Le début des émissions correspond à la « révolution industrielle », vers 1830, avec l'utilisation du charbon, puis environ 50 ans plus tard avec celle du pétrole. Cette mesure se fait en analysant notamment les bulles d'air emprisonnées dans la glace de l'Antarctique, révélant ainsi la composition de notre atmosphère au fil des décennies. Dans ces glaces se tiennent les archives de notre climat.

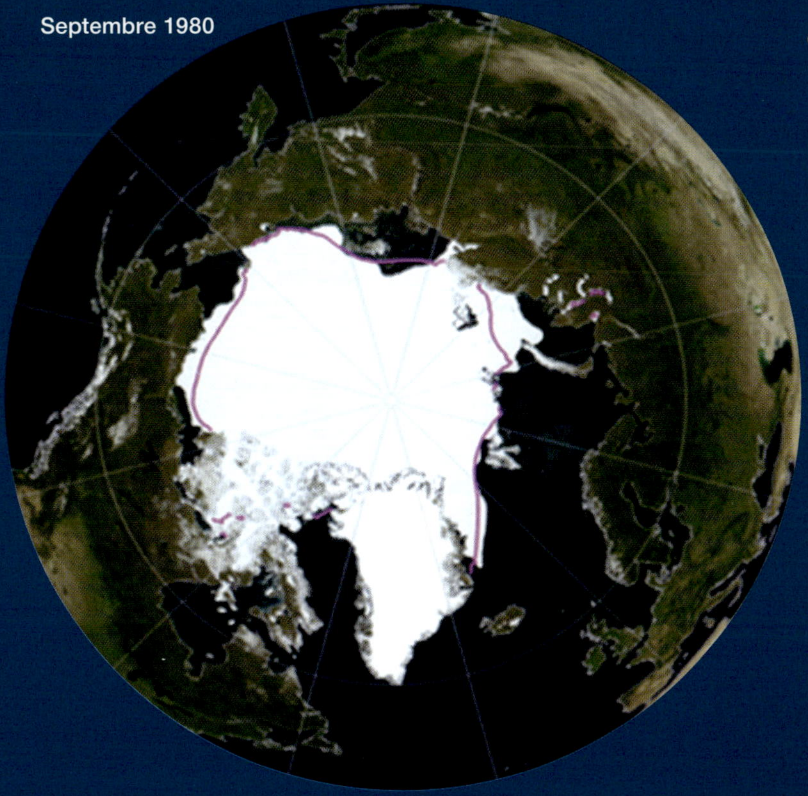

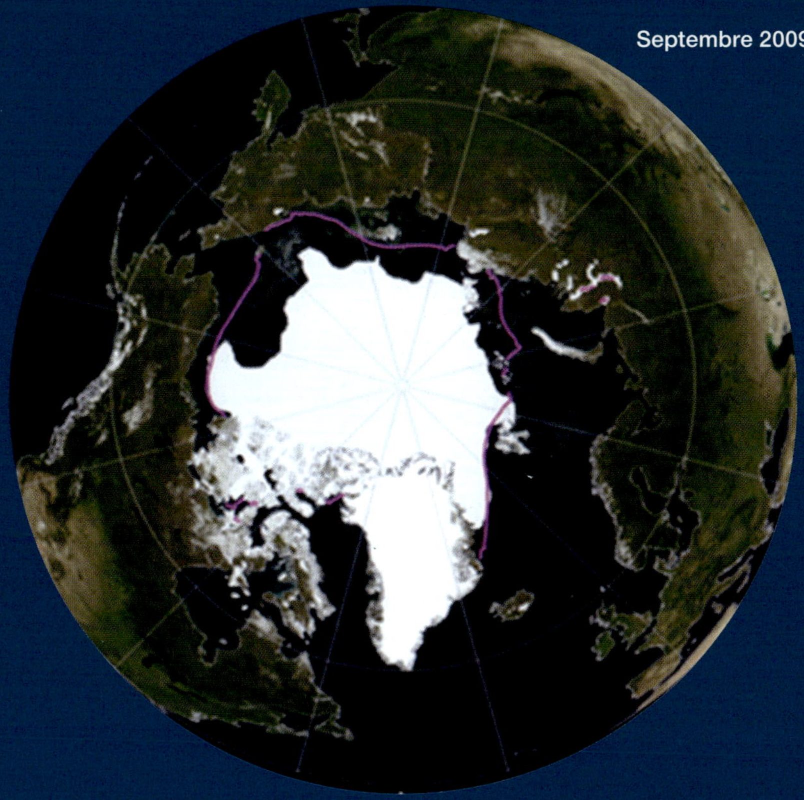

« C'est triste chose de penser que la nature parle et que le genre humain n'écoute pas. » Victor Hugo

Au pôle Nord, la glace fond à toute vitesse

La banquise arctique est une épaisse couche de glace venant recouvrir l'océan, autour du pôle Nord, pendant 8 à 9 mois par an. Les images-satellite montrent clairement le rétrécissement de cette banquise, qui fond de plus en plus tôt en avril, se forme de plus en plus tard en septembre, et est de moins en moins épaisse. Au cours de l'été 2007, la banquise de la mer de Beaufort avait totalement disparu, phénomène rarement observé au XXe siècle. Certains chercheurs estiment que d'ici trente ans environ l'océan Arctique pourrait être quasiment libre de glaces à la fin de l'été.

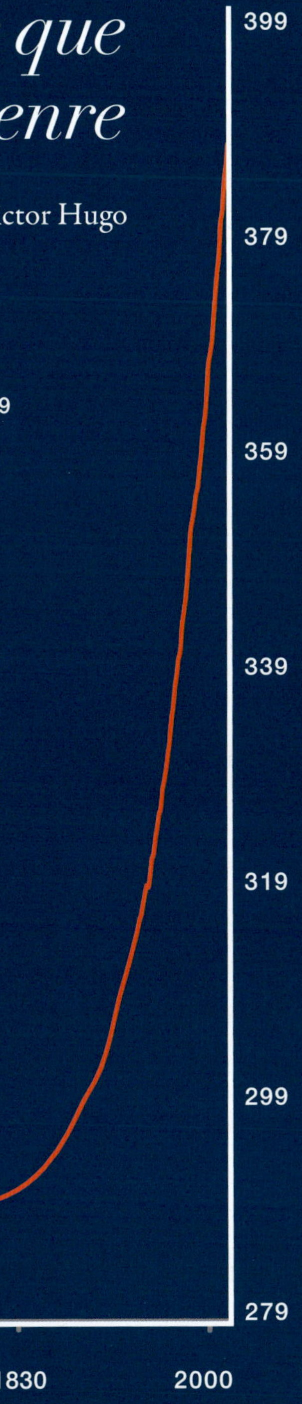

COMMENT **RÉDUIRE** NOTRE EMPREINTE ÉCOLOGIQUE ?

L'empreinte écologique permet de calculer les conséquences de nos modes de vie sur la terre. La réduire est aujourd'hui une nécessité, car les ressources sont loin d'être infinies, contrairement à ce que l'on croit souvent. La société de consommation, qui pousse à produire et à acheter toujours plus d'objets a des conséquences lourdes sur l'environnement. Produire toujours plus, c'est utiliser tout à la fois des matières premières, de l'énergie, et multiplier les déchets.

Que faire de ces déchets ? Cette question se pose désormais avec une urgence croissante. Les expressions « développement durable », « écologie » ou « produit vert » expriment une prise de conscience de la nécessité de changer notre mode de vie. Réfléchir à ses achats, trier et recycler, sont des manières efficaces de lutter contre la pollution et le gaspillage. Pour réduire son empreinte écologique, il est possible de changer certaines habitudes : limiter l'utilisation de la voiture et préférer marcher, pédaler ou se déplacer en transports en commun quand c'est possible ; éteindre la lumière en sortant d'une pièce, économiser l'eau, prendre des douches plutôt que des bains ; se nourrir en respectant les produits de saison et en évitant les produits transformés dont l'empreinte écologique est lourde, par exemple les steaks hachés surgelés, préférer acheter des produits recyclables, éviter les produits qui multiplient les emballages comme le tube de dentifrice présenté dans un carton inutile.

Agir individuellement est important, mais reste insuffisant. Pour que ces pratiques se généralisent, des décisions politiques volontaires et de longue durée sont nécessaires. Des associations de consommateurs ou de protection de l'environnement mènent des actions pour faire évoluer les mentalités et peser sur ces choix.

Acheter du papier recyclé, c'est protéger la forêt !

Le papier est une matière fabriquée à partir de fibre végétale venant du bois. Avec deux à trois tonnes de bois, on fabrique une tonne de papier. Pour le recycler, il faut le trier et le déposer dans un conteneur spécifique. Le papier est ensuite transporté dans une usine où il est mixé pour récupérer les fibres. La pâte obtenue est filtrée puis blanchie, on y ajoute des fibres vierges pour fabriquer de nouveaux papiers qui pourront à nouveau être recyclés. Une tonne de papier recyclé épargne 17 arbres, 20 litres d'eau et l'équivalent de 1 000 litres de pétrole. On peut donc réduire sa propre empreinte écologique, en choisissant d'acheter un produit avec la mention « papier recyclé ».

« Nous n'héritons pas de la terre de nos parents, nous l'empruntons à nos enfants. » Léopold Sédar Senghor

Une seule terre pour toute l'humanité

L'empreinte écologique mesure la pression qu'exerce l'homme sur la nature en produisant ce qu'il consomme et en se débarrassant de ses déchets. Le besoin annuel de ressources dépasse la capacité de régénération de la terre : il faut une année et quatre mois pour reconstituer ce que nous utilisons en une seule année. Nous sommes en « dépassement » depuis 1987.

Le saviez-vous ?

L'empreinte écologique est une mesure, un calcul qui permet d'évaluer la superficie de terre nécessaire pour produire ce que nous consommons, puis ensuite celle qui est nécessaire à l'absorption de nos déchets. Imaginez que vous êtes Robinson Crusoé, seul sur une île : en fonction de vos besoins pour survivre sur cette île, vous pourriez presque calculer quelle devrait être la superficie de cette île pour y répondre. À l'échelle de notre planète, c'est à peu près la même chose, mais les besoins des 6,8 milliards d'habitants qui y vivent sont très inégaux. Certains, comme les Américains, ont une forte empreinte. D'autres, comme les Laotiens, ont une empreinte légère.

Les éoliennes, une des alternatives aux énergies fossiles.

QUELLES ÉNERGIES DÉVELOPPER ?

La question de l'énergie est vitale dans les sociétés modernes et il est urgent de s'engager dans une véritable révolution énergétique, c'est-à-dire un changement radical des comportements, en particulier dans les pays riches comme la France. En effet, il est indispensable à la fois de rendre l'énergie accessible au plus grand nombre et de lutter contre le réchauffement climatique. De nombreux pays, aux populations en hausse et aux économies en développement, utilisent de plus en plus d'énergie comme le charbon, le gaz ou le pétrole, mais ceux-ci sont très polluants.

Une des solutions consiste à recourir aux énergies alternatives que sont les énergies renouvelables. Elles utilisent les forces inépuisables de la nature comme le vent pour l'énergie éolienne, le soleil pour le photovoltaïque, la chaleur de la terre pour la géothermie, les marées avec la force des vagues, la croissance des végétaux pour la biomasse ou l'eau pour l'hydroélectricité. Aujourd'hui, ces ressources sont largement sous-exploitées et pour accroître leur utilisation il faudrait davantage investir dans la recherche, d'autant que ce secteur est également porteur d'emplois, d'innovation et de développement économique.

Cependant, avant même le développement d'énergies nouvelles, la question la plus importante est celle des économies d'énergie car nos modes de vie en sont trop gourmands depuis longtemps. Construire des logements en utilisant des matériaux qui renforcent l'isolation permet des économies de chauffage, fabriquer des automobiles consommant moins d'essence ou avec d'autres types de moteurs, éteindre les appareils électriques au lieu de les mettre en veille, sont autant d'améliorations qui aideront à la réduction des émissions de CO_2.

« Il est grand temps de rallumer les étoiles. » Guillaume Apollinaire

Le saviez-vous ?

L'énergie nucléaire n'est ni une énergie renouvelable, ni une énergie fossile. Elle utilise un minerai, l'uranium. C'est une énergie apparemment peu polluante mais contestée pour des questions de sécurité et parce les déchets produits restent dangereux.

Panneau solaire dans un village de Mauritanie
Cette installation à proximité d'un puits utilise l'énergie du soleil pour pomper l'eau.

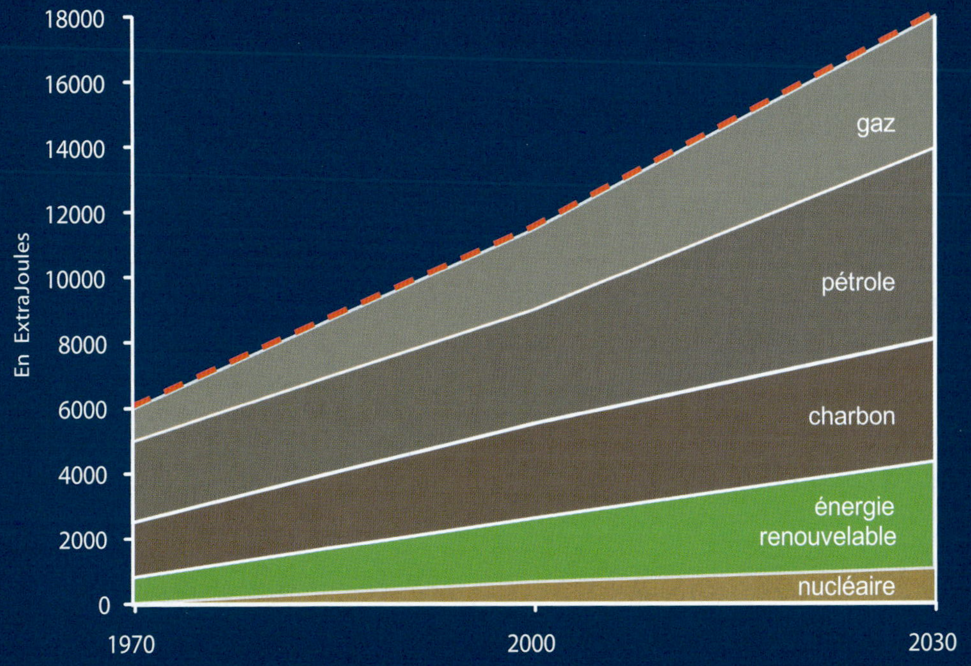

La révolution énergétique indispensable
Cette courbe décrit l'augmentation des besoins en énergie entre 1970 et 2030, soit un peu plus que deux générations. Nous l'avons établie à partir de plusieurs rapports qui montrent ce que sera en 2030 la part des énergies renouvelables dans notre consommation, et la part des énergies fossiles. Ces dernières : charbon, gaz, pétrole auront toujours une place dominante. À moins que ces rapports ne se trompent, ce qui est souhaitable...

Une usine de dessalement d'eau de mer à Hadera en Israël.

VA-T-ON MANQUER D'EAU ?

L'eau est une ressource abondante sur terre, mais une toute petite partie seulement est utilisable par l'homme. Dans les prochaines années, il faudra fournir de l'eau potable à une population mondiale plus nombreuse et irriguer des zones nouvelles pour augmenter la production agricole.

Des solutions techniques existent pour résoudre les problèmes d'accès à l'eau ou de traitement des eaux usées, mais elles nécessitent de lourds investissements et la concurrence entre les différents utilisateurs – agriculture, eau domestique, industries, tourisme – va s'accroître.

À l'avenir, le problème le plus important sera celui de la qualité de l'eau. Il est nécessaire de traiter les eaux polluées par l'agriculture tout comme celles qui le sont par l'industrie ou par les habitants des villes. Il s'agit aussi de limiter les gaspillages par l'entretien des réseaux de distribution d'eau. Par exemple, au Caire, près de 70 % de l'eau distribuée est perdue à cause de fuites dans les tuyaux. L'adoption de comportements différents est nécessaire pour réduire notre consommation. Dans les villes des pays développés, et émergents des politiques sont mises en place pour réutiliser les eaux usées, après les avoir traitées, afin de réduire l'empreinte hydrologique des grandes villes.

« Ne voyez-vous pas les eaux du fleuve Jaune descendant du ciel se hâter vers la mer sans retour ? » Li Bai

L'inégal accès à l'eau à l'horizon 2020

Aujourd'hui, il n'y a pas véritablement de pénurie d'eau à l'échelle mondiale, mais l'eau des fleuves, des rivières, des nappes aquifères, des pluies est très mal répartie dans le monde. Ce sont les villes des pays du Sud dont les populations sont en forte augmentation qui devront faire face aux dépenses d'aménagement les plus importantes. Il n'y a pas de problème de quantité d'eau disponible, mais des problèmes d'accès, de qualité et de propreté.

Le saviez-vous ?

L'eau présente sur terre est constituée de 97,5 % d'eau salée et de seulement 2,5 % d'eau douce utilisable directement par l'homme.

Comment économiser l'eau ?

Que d'eau dans les océans... mais que de sel aussi ! Le dessalement de l'eau de mer s'est développé, essentiellement dans les pays riches en pétrole du Moyen-Orient et en Israël. Mais la production de cette eau coûte cher et n'est pas une solution généralisable. Dans le monde, l'agriculture est la principale consommatrice d'eau. C'est donc dans l'agriculture que doit avoir lieu une véritable « révolution bleue ». Deux types de techniques sont jugées aujourd'hui plus économes pour l'agriculture irriguée : l'aspersion qui reproduit artificiellement l'eau de pluie, et la micro-irrigation qui apporte l'eau au pied de la plante.

UN MONDE À IMAGINER

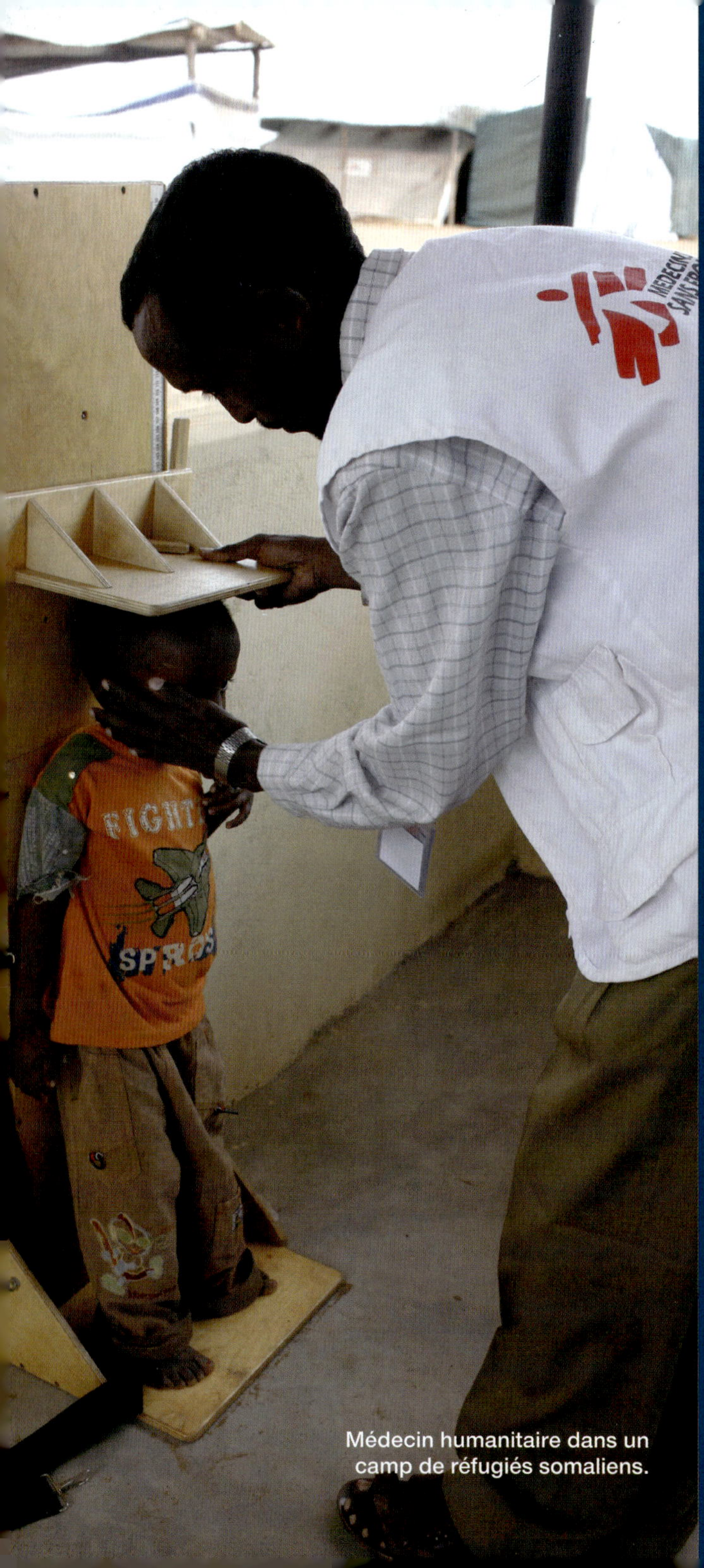

Médecin humanitaire dans un camp de réfugiés somaliens.

L'ACTION HUMANITAIRE

La pauvreté, les injustices, la faim, ou plus généralement les souffrances que subissent beaucoup de personnes dans le monde provoquent souvent notre indignation. Comment agir ?

L'action humanitaire permet de venir en aide aux populations souffrant de la faim ou de maladies, aux victimes de conflits ou de catastrophes naturelles. Il existe aujourd'hui de très nombreuses organisations non gouvernementales dans le monde. Ces « ONG » conduisent trois types d'actions : des secours d'urgence en situation de guerre, de famine ou d'épidémie (Médecins sans frontières, Action contre la faim, Comité international de la Croix-Rouge…) ; des programmes de développement et d'équipement pour aider certaines régions dans le monde à construire des écoles, des centres de santé, des conduites d'accès à l'eau, (CCFD, Care, Oxfam…) ; des actions de témoignage pour informer des violations des droits humains fondamentaux et faire pression sur les gouvernements pour que ces droits soient respectés (Amnesty International, Cimade, Reporters sans frontières…).

Bien qu'elles soient indispensables pour venir en aide aux populations, les ONG n'ont pas les moyens d'agir partout dans le monde, ni de traiter la racine des problèmes posés. C'est pourquoi elles ne peuvent pas remplacer l'action des organismes gouvernementaux chargés de l'Aide publique au développement et les programmes menés par les Agences spécialisées des Nations unies.

Dans certaines situations et notamment en cas de guerre, il arrive que l'aide soit détournée par certains acteurs du conflit au détriment des populations, comme c'est arrivé en Somalie ou au Soudan. En Corée du Nord, le gouvernement se sert de l'aide envoyée par les pays étrangers pour faire pression sur la population et mieux la contrôler.

Le saviez-vous ?

En 1859, la bataille de Solferino laisse sur le champ de bataille des milliers de blessés, agonisant sans assistance. Henri Dunant, homme d'affaires suisse, ne peut supporter cette situation et tente de secourir autant de blessés qu'il peut. Hanté par cette expérience, il fonde la Croix-Rouge internationale, donnant naissance à l'humanitaire moderne.

POUR RÉPARER LE MONDE ?

« Pour être heureux, il faut penser au bonheur d'un autre. » Gaston Bachelard

Une montagne de chaussures

Depuis 1992, des millions de citoyens se sont mobilisés dans le monde contre les mines antipersonnel, à l'appel de plusieurs associations dont Handicap International. En 1997, pour la première fois dans le droit international, un traité interdisant les mines antipersonnel a été signé : le traité d'Ottawa. Sur 192 États dans le monde, 39 n'avaient pas signé le traité en 2010, dont les États-Unis, Cuba, la Chine, l'Inde, l'Égypte, mais aussi plus surprenant : la Finlande, et même Tuvalu, petite île dans le Pacifique.

Affiche d'Amnesty International pour la liberté d'opinion.

L'ONU, UN LIEU POUR DIALOGUER

Devant le siège de l'ONU à New York, une sculpture de Carl Fredrik Reutersward.

Après les terribles violences de la Seconde Guerre mondiale, 51 États signèrent, le 26 juin 1945, la charte de San Francisco donnant naissance à l'Organisation des Nations unies.

L'ONU est composée d'une Assemblée générale dans laquelle les pays membres, 192 en 2010, disposent chacun d'une voix pour adopter ou refuser des résolutions. L'organisme le plus puissant est le Conseil de sécurité, dont la mission essentielle est le maintien de la paix et de la sécurité internationale.

L'ONU est souvent critiquée mais elle constitue le seul lieu au monde où des représentants de tous les pays peuvent se rencontrer et dialoguer. Pour autant, une réforme est indispensable car le monde d'aujourd'hui n'est plus celui de 1950. De nouveaux États, comme le Brésil ou l'Inde, réclament un siège permanent au Conseil de sécurité, même sans droit de veto, car les pays du Sud et les pays émergents sont mal représentés. Le plus souvent ce sont les États les plus puissants qui imposent leurs points de vue.

Le saviez-vous ?

Quelques exemples d'agences de l'ONU.
L'Unesco protège le patrimoine de la planète.
La Cour internationale de Justice règle les conflits juridiques entre les États.
Le PNUE s'occupe des questions liées à l'environnement.
La FAO traite les questions qui sont liées à l'alimentation.
Le HCR est chargé de l'aide aux millions de réfugiés dans le monde
L'Unicef défend les droits des enfants...

ONU Opération onusienne de maintien de la paix en cours (juin 2010)

Des casques bleus pour rétablir la paix

Les soldats de l'ONU, appelés Casques bleus, sont présents en de nombreux pays. Leur rôle est d'interrompre ou d'empêcher les combats, d'aider à la reprise du dialogue entre les différents camps et de faire respecter les décisions prises. Les opérations de maintien de la paix durent souvent plusieurs années.

Qu'est-ce que le Conseil de sécurité ?

Le Conseil de sécurité des Nations unies est composé de 15 membres. Parmi eux, 5 sont membres permanents. Ils ne changent jamais, ce sont les vainqueurs de la Seconde Guerre mondiale : Chine, États-Unis, France, Royaume-Uni, Russie. Les 10 autres membres sont élus par l'Assemblée générale pour deux ans.

Pour qu'une décision, appelée résolution, soit adoptée, il faut qu'elle ait reçu 9 voix au moins.

Qu'est-ce que le droit de veto ? Les 5 membres permanents ont un pouvoir supérieur aux 10 autres membres. Ils peuvent s'opposer à toute décision en utilisant leur « droit de veto ». Dans ce cas, la proposition est rejetée.

« Lorsque les hommes travaillent ensemble, les montagnes se changent en or. » Proverbe chinois

Deux jeunes indiens Huaorani dans le parc de Yasuni.

COMMENT ÉVALUER LES RICHESSES ?

Le moyen le plus habituel pour mesurer la richesse d'un pays et de ses habitants est le produit intérieur brut (PIB). Il mesure la production de biens sans tenir compte des conséquences positives ou négatives sur le bien-être humain.

Il mesure la richesse qui se « voit », c'est-à-dire celle qui a une forme marchande. Prenons le cas d'un embouteillage : il entraîne une consommation importante de carburant, et les conducteurs doivent rapidement retourner acheter de l'essence ! Dans le cadre de la mesure du PIB, cette dépense est considérée comme une bonne chose pour la consommation, mais dans les faits la pollution augmente. C'est la même chose pour une marée noire : les dépenses effectuées pour la dépollution font augmenter le PIB, c'est-à-dire la richesse du pays concerné, alors que c'est une catastrophe écologique.

La croissance économique ainsi calculée n'est donc pas toujours synonyme de bien- être et de développement durable. Et pourtant, la bonne santé économique d'un pays se mesure chaque année par la croissance de son… PIB.

« Les questions sont des clés qui ouvrent les portes de la vérité. »

Proverbe chinois

La protection de la nature a un prix

Le parc de Yasuni dans l'Amazonie équatorienne, est une région riche en biodiversité et... en pétrole. Ce qui pose le problème suivant : si l'Équateur exploite ce pétrole, il s'enrichit mais détruit une zone naturelle irremplaçable et augmente le réchauffement climatique ; s'il renonce, il protège les Indiens kayapo qui vivent sur ce territoire, préserve la biodiversité, et évite une pollution. Mais alors, le pays perd une source de revenus très importante. Le gouvernement a donc fait une proposition originale : renoncer au pétrole si la communauté internationale verse à l'Équateur une somme équivalente à la moitié de ce qu'aurait rapporté son exploitation. L'argent servira à financer des énergies propres. Cette approche est nouvelle, puisque le gouvernement équatorien propose de faire mieux que réduire ses émissions de CO_2 : ne pas les émettre !

Toujours plus ! Un idéal à atteindre ?

L'idée que le bien-être d'une population repose sur la consommation et la possession matérielle est une idée occidentale née avec le développement industriel.
Ce modèle, suivi aujourd'hui dans le monde entier, est en crise. Le développement à l'occidentale ne peut être un but à atteindre pour le monde entier car il fait peser des menaces sur la planète.

Des outils pour faire évoluer le monde

La réalité de la vie des gens ne peut se réduire totalement à l'argent ou aux objets qu'ils possèdent. Certains économistes, comme l'Américain Joseph Stiglitz, Prix Nobel d'économie, cherchent à mettre au point des instruments de mesure qui prennent en compte d'autres éléments contribuant à la qualité de la vie : accès au savoir et à la santé, loisirs, sécurité, cadre de vie, égalité entre hommes et femmes, empreinte écologique individuelle et collective. La définition du développement doit intégrer d'autres valeurs que la seule croissance économique.
C'est pourquoi ces différents critères devront peu à peu être pris en compte.
Ils pourraient aussi être utilisés par les États et les organisations internationales pour aider à faire des choix politiques et économiques de long terme.

Le saviez-vous ?

Des économistes ont élaboré un indice du bonheur ! Ils ont réuni quarante critères, regroupés en quatre grands thèmes :
- Paix et sécurité
- Liberté, démocratie, droits de l'homme
- Qualité de la vie
- Communication, culture et éducation.

Au classement du « Bonheur national brut », en 2010, les trois premiers pays sont la Suède, la Norvège et le Danemark.

L'AFRIQUE

Le premier des atouts de l'Afrique, c'est sa population jeune – la moitié de la population a moins de 15 ans – et nombreuse, un milliard d'habitants en 2010. Son deuxième atout, c'est sa richesse en ressources naturelles. Certains acteurs économiques des pays du sud de l'Afrique tentent par exemple de mieux contrôler le commerce du diamant, ou de faire « certifier » leurs forêts, pour une production et un commerce « durable ». Car ce continent possède justement un potentiel environnemental remarquable qui peut être un élément capital dans la lutte contre le dérèglement climatique.

L'Afrique, dans sa diversité, a donc de nombreuses cartes à jouer : agricole, énergétique, environnementale, touristique, culturelle. Même si tout au long de cet atlas, l'Afrique est souvent apparue comme un continent en difficulté et qu'il est vrai que le continent est pauvre et compte la majorité des « Pays les moins avancés » du monde.

Pourtant, on ne peut résumer l'Afrique à ce tableau. Parce qu'il y a plusieurs Afrique(s). Dans ce continent immense et très divers, les richesses sont difficiles à mesurer avec les outils habituels, tels que le revenu par habitant, et bien que des évolutions nombreuses y ont lieu, elles sont souvent mal connues.

Ce qui laisse à penser que le continent africain change en ce début de XXIe siècle

Pour lutter contre la pollution des sols africains par le plastique, les femmes de l'association Debo Golowo, signifiant « Femmes Travailleuses » en peulh, récupèrent et recyclent de vieux sacs en matière plastique à Bamako, au Mali. Après avoir été nettoyés et découpés, ils sont transformés en fils pour confectionner des imperméables, des tapis, des bâches, ou pour réaliser divers objets comme des corbeilles, des cordes, des poubelles et des objets de décoration.

Les femmes de Missira prennent les choses en main

Dans le quartier Missira de Bamako, capitale du Mali, les rues en terre battue, où coulent les eaux usées favorisant la transmission de maladies, ne sont plus qu'un ancien souvenir. Elles ont été pavées, des arbres ont été plantés, un marché d'artisanat local, un cinéma, une bibliothèque ont ouvert.
Lors des réunions de quartier, ce sont les femmes qui ont pris l'initiative de débattre des problèmes à résoudre, des travaux à entreprendre et de la façon dont l'argent doit être dépensé.
La réussite de ce projet tient au fait que ce sont les populations qui l'ont pensé et gèrent directement l'argent obtenu de différentes associations et organisations.

CHANGE

Le saviez-vous ?

Le marché africain du mobile enregistre la croissance la plus rapide du monde, car la téléphonie cellulaire peut être alimentée avec de petits postes à énergie solaire. Il y a un milliard d'habitants sur le continent africain, et l'on compte 350 millions d'abonnés en 2010. Cette technologie permet désormais l'accès aux communications, à l'information et aux transferts bancaires à des populations qui vivent dans des régions dépourvues d'infrastructures.

« Un jour tu viendras
dans une Afrique retrouvée
(…)
Il y aura des chants
Les chants du travail de nos terres
et des rires les rires du pain
Pour mon frère au visage de sueur. »

Massa Makan Diabaté

Les réseaux en fibre optique en Afrique
Cette carte montre les réseaux en fibre optique à l'intérieur du continent africain, et le long des côtes de l'ouest et de l'est du continent. Certains de ces réseaux existent depuis quelques années, d'autres sont encore en projet. Ces réseaux sont indicateurs des futures zones de développement, où les nouvelles technologies de la communication et du commerce par internet auront une place de plus en plus grande.

UN MONDE À INVENTER

Vers une économie plus verte

De nombreuses villes au nord comme au sud parient sur la croissance verte en mettant en place des mesures pour l'éclairage public, la récupération des déchets ou les transports. Certains quartiers sont déclarés « écoquartiers » et répondent à des normes précises en matière d'environnement et de mixité sociale. Des actions de développement durable sont aussi menées pour impliquer les jeunes, comme l'Agenda 21 scolaire. Il a pour objectif de mettre en place des comportements respectueux de l'environnement au sein de l'école. De multiples expériences sont menées : menus bio à la cantine, constitution d'une trousse écologique, ouverture d'une ligne de bus, aménagement d'un garage à vélos, réutilisation de l'eau de pluie, tri sélectif dans chaque classe. Autant d'expériences qui peuvent changer la vie.

Consommer équitable, une action concrète

Dans les années 1980, des producteurs de café mexicains lancent un appel à une ONG néerlandaise pour créer des conditions de commerce plus justes. Ils veulent pouvoir vendre leur production à des prix qui leur permettent de vivre dignement de leur travail et réduire les marges des intermédiaires et des distributeurs. En 2010, les associations de commerce équitable importent du café, du chocolat, du riz, du coton, des vêtements, toutes sortes de produits en provenance de 60 pays du Sud. Cela concerne plus de 1,5 million d'agriculteurs, soit, en comptant leur famille, plus de 7 millions de personnes. Acheter des produits qui portent le label du commerce équitable prouve qu'en tant que consommateur, on peut agir.

« Le monde est un endroit magnifique pour lequel il vaut la peine de se battre. » Ernest Hemingway

Réduire la pauvreté et les inégalités mondiales, c'est possible

À l'échelle des individus, le système du microcrédit, mis en place au Bangladesh par Muhammad Yunus, peut s'avérer efficace. Il s'agit de prêter une petite somme d'argent à des personnes sans ressources pour qu'elles puissent se lancer dans une activité. L'achat d'une machine à coudre, d'une barque, peut permettre d'exercer un travail et d'avoir un revenu, même modeste. Plus de 150 millions de personnes dans 34 pays ont bénéficié en 2010 d'un microcrédit. Ce n'est pas une recette miracle et cela doit être accompagné de politiques plus globales menées par les États. L'ONU estime ainsi que l'Aide publique au développement doit absolument être augmentée. De nombreuses associations proposent, pour trouver l'argent nécessaire, de mettre en place des taxes internationales sur les échanges financiers et commerciaux, argent qui permettrait de financer des politiques publiques dans les pays les plus pauvres.

Le saviez-vous ?

La majorité des États dans le monde ont aboli ou ne pratiquent plus la peine de mort. En 1900, 3 États l'avaient abolie, 14 en 1945, 104 en 2009. Sous la pression constante des ONG, du Parlement européen et de l'ONU, le XXIe siècle pourrait bien être celui de l'abolition universelle de la peine de mort.

Un hôpital pour les plantes en danger

Le Conservatoire national botanique de Brest s'est donné pour mission de sauver les plantes de la planète. À la tête d'une des collections les plus importantes du monde, ses botanistes entretiennent, dans des serres et des jardins, plus de 4 000 espèces dont beaucoup auraient disparu sans leur intervention. Des milliers de graines et d'échantillons de plantes sont par ailleurs conservées dans des congélateurs. Ainsi, le *Cylindrocline lorencei* de l'île Maurice a été sauvé grâce à une technique très élaborée. En 1977, des graines avaient été récupérées sur les rares spécimens encore vivants et disparus aujourd'hui, puis congelées. Grâce à une culture *in vitro*, dans des tubes en verre, les botanistes lui ont redonné naissance. Les plants, qui mesurent aujourd'hui 2 mètres, vont pouvoir être réintroduits dans leur milieu d'origine.

GLOSSAIRE

A

Analphabétisme : fait de ne pas savoir lire et écrire.

Afrique subsaharienne : partie du continent africain située au sud du Sahara.

Aide publique au développement : dons et prêts des pays développés aux pays en développement.

B

Biocapacité : capacité d'un pays ou d'une région à utiliser de façon durable ses ressources et à absorber les déchets provenant de la consommation des habitants.

Biocarburant : dit aussi agrocarburant. Carburant issu de la transformation des matières végétales produites par l'agriculture.

Biodiversité : mot composé à partir de « biologie » et de « diversité » désignant la variété des formes de vie sur la planète (plantes et animaux).

Brevet : titre qui protège une invention.

Bidonville : quartier pauvre où les maisons sont construites avec des matériaux de récupération.

C

Commerce équitable : commerce qui vise à assurer un revenu correct et durable aux petits agriculteurs et artisans.

Casque bleu : soldat de l'ONU.

Croissance économique : augmentation des productions d'un pays.

CO_2 : gaz carbonique.

Corruption : fait d'utiliser son pouvoir ou sa situation pour son intérêt personnel.

D

Détroit : passage maritime étroit situé entre deux terres.

Délocalisation : déplacement de la production d'une entreprise vers un pays où la main-d'œuvre est moins chère.

Développement durable : développement qui essaye de préserver la planète pour les générations futures.

Dette : ensemble des emprunts de l'État.

Déplacé : personne qui a été forcée de fuir à l'intérieur de son propre pays.

Demandeur d'asile : personne qui demande la protection d'un autre pays que le sien pour échapper aux persécutions.

E

Espace Schengen : pays d'Europe unis par des accords qui permettent la libre circulation des personnes.

Énergie fossile : énergie produite à partir de matières non renouvelables, présentes dans le sous-sol de la planète comme le charbon, le pétrole et le gaz naturel.

Énergie renouvelable : énergie qui ne s'épuise pas, comme celle produite à partir du vent, de l'eau, du soleil ou de la marée par exemple.

Empreinte écologique : impact de l'activité humaine sur la nature.

Exode rural : départ massif et parfois définitif des habitants des campagnes vers les villes.

Espérance de vie : durée moyenne de la vie calculée à partir de la naissance.

Émigré : personne qui a quitté son pays pour tenter de s'installer dans un autre.

F

Flux : déplacement important de personnes, de marchandises, d'argent ou d'information.

G

Gaz à effet de serre : gaz qui participent au réchauffement de la planète comme le gaz carbonique ou le méthane.

Gazoduc : tuyau permettant le transport du gaz.

I

Indice de développement humain : indicateur qui prend en compte le revenu par habitant, le niveau de santé et le niveau d'instruction de la population d'un pays.

Immigré : personne vivant dans un pays autre que son pays d'origine.

Isthme : étroit passage terrestre situé entre deux mers.

Indice de jeunesse : rapport entre le nombre de personnes de moins de 25 ans et le nombre de personnes de plus de 65 ans.

Indice de Gini : indice qui permet de mesurer les inégalités à l'intérieur d'un pays.

M

Malnutrition : alimentation déséquilibrée provoquant un mauvais état de santé.

Mégapole : très grande ville de plus de 8 millions d'habitants.

Microcrédit : fait de prêter une petite somme d'argent à une personne qui ne peut avoir accès aux prêts bancaires classiques.

Multinationale : entreprise de grande taille présente dans de nombreux pays.

O

Organisation des Nations unies : organisation internationale créée en 1945 qui regroupe les 192 États de la planète.

Organisme génétiquement modifié (OGM) : organisme (plante ou animal) dont le patrimoine génétique a été modifié en laboratoire.

Oléoduc : tuyau permettant le transport du pétrole.

Organisation non gouvernementale : organisation ou association de droit privé à but humanitaire.

P

Paléontologue : scientifique qui étudie les restes fossiles des êtres vivants.

Pandémie : épidémie qui se diffuse sur tous les continents.

Pays du Nord : ensemble des pays industrialisés, ou développés, le plus souvent situés dans l'hémisphère Nord. Mais l'Australie, par exemple, située au sud fait économiquement partie des pays du Nord.

Pays du Sud : ensemble des pays en développement, peu industrialisés, essentiellement agricoles, situés surtout dans l'hémisphère Sud.

Pays les moins avancés : pays les plus pauvres du monde.

Pays émergents : pays dont les revenus augmentent rapidement ces dernières années grâce à une industrialisation accélérée.

Produit intérieur brut : ensemble des richesses produites par un pays.

R

Réfugié : personne qui trouve refuge dans un autre pays que le sien.

Rural : qui fait référence à la campagne.

Rendement : quantité récoltée par unité de surface.

Ressource naturelle : richesse du sol ou du sous-sol (bois, pétrole, eau...) exploitée par l'homme.

S

Subvention : aide financière accordée par les Etats à un secteur d'activité, agricole ou autre.

T

Traité international : accord signé entre différents pays.

Taux de scolarisation : pourcentage de jeunes d'une population donnée qui vont à l'école.

U

Urbain : qui fait référence à la ville.

V

Ville mondiale : grande ville qui possède des fonctions de commandement.

PETITES BIOGAPHIES DES AUTEURS CITÉS

Guillaume Apollinaire : poète français du début du XXe siècle.

Gaston Bachelard : philosophe français du XXe siècle.

Li Bai : poète chinois du VIIIe siècle.

Charles Baudelaire : poète français du XIXe siècle.

Daniel Boorstin : historien américain du XXe siècle.

Blaise Cendrars : écrivain d'origine suisse, naturalisé français, du XXe siècle.

Aimé Césaire : poète et homme politique martiniquais du XXe siècle.

Confucius : philosophe chinois du Ve siècle avant notre ère.

Joseph Conrad : écrivain anglais du XXe siècle.

Massa Makan Diabaté : historien et écrivain malien du XXe siècle.

Fedor Dostoïevski : écrivain russe du XIXe siècle.

Daniel Faucher : géographe français du XXe siècle.

William Faulkner : écrivain américain, Prix Nobel de littérature en 1949.

Jean Ferrat : musicien et poète français du XXe siècle.

Gandhi : homme politique indien qui a mené l'Inde à l'indépendance en prônant la lutte par la non-violence.

Khalil Gibran : écrivain et poète libanais du XXe siècle.

Amadou Hampâté Bâ : écrivain malien du XXe siècle.

Victor Hugo : écrivain, poète et homme politique français du XIXe siècle.

Ernest Hemingway : écrivain américain, Prix Nobel de littérature en 1954.

Kobayashi Issa : poète japonais du XIXe siècle.

Alphonse Karr : écrivain français du XIXe siècle.

Rudyard Kipling : écrivain et poète britannique du XIXe siècle.

Ahmadou Kourouma : écrivain ivoirien du XXe siècle, Prix Goncourt des lycéens en 2001.

Valéry Larbaud : écrivain et poète français du XXe siècle.

Jean-Marie Le Clézio : écrivain français, Prix Nobel de littérature en 2008.

Nelson Mandela : figure de la lutte anti-apartheid et président de l'Afrique du Sud de 1994 à 1999. Prix Nobel de la paix en 1993.

John Milton : poète anglais du XVIIe siècle.

Alfred de Musset : poète et dramaturge français du XIXe siècle.

Pablo Neruda : poète chilien, Prix Nobel de littérature en 1971.

Jacques Prévert : poète français du XXe siècle.

Marcel Proust : écrivain français du début du XXe siècle.

Antoine de Saint-Exupéry : écrivain, poète et aviateur français du XXe siècle.

Léopold Sédar Senghor : poète et écrivain sénégalais. Président du Sénégal de 1960 à 1980.

Jules Supervielle : poète et écrivain français du XXe siècle.

Rabindranath Tagore : écrivain et philosophe indien, Prix Nobel de littérature en 1913.

Jules Verne : écrivain français du XIXe siècle.

Paul-Émile Victor : ethnologue et explorateur français des régions polaires du XXe siècle, fondateur des Expéditions polaires françaises.

Zhang Xianliang : écrivain chinois du XXe siècle.

Si…

Si tu peux voir détruit l'ouvrage de ta vie
Et sans dire un seul mot te mettre à rebâtir,
Ou perdre d'un seul coup le gain de cent parties
Sans un geste et sans un soupir ;
Si tu peux être amant sans être fou d'amour,
Si tu peux être fort sans cesser d'être tendre
Et, te sentant haï, sans haïr à ton tour,
Pourtant lutter et te défendre ;
Si tu peux supporter d'entendre tes paroles
Travesties par des gueux pour exciter des sots,
Et d'entendre mentir sur toi leurs bouches folles
Sans mentir toi-même d'un seul mot ;
Si tu peux rester digne en étant populaire,
Si tu peux rester peuple en conseillant les rois
Et si tu peux aimer tous tes amis en frère
Sans qu'aucun d'eux soit tout pour toi ;
Si tu sais méditer, observer et connaître
Sans jamais devenir sceptique ou destructeur ;
Rêver, mais sans laisser ton rêve être ton maître,
Penser, sans n'être qu'un penseur ;
Si tu peux être dur sans jamais être en rage,
Si tu peux être brave et jamais imprudent,
Si tu sais être bon, si tu sais être sage
Sans être moral ni pédant ;
Si tu peux rencontrer Triomphe après Défaite
Et recevoir ces deux menteurs d'un même front,
Si tu peux conserver ton courage et ta tête
Quand tous les autres les perdront,
Alors les Rois, les Dieux, la Chance et la
Victoire
Seront à tout jamais tes esclaves soumis
Et, ce qui est mieux que les Rois et la Gloire,
Tu seras un homme, mon fils.

Rudyard Kipling

DANS LA MÊME COLLECTION

LE DESSOUS DES CARTES, magazine de Jean-Christophe Victor produit et diffusé par Arte, est élaboré avec le Laboratoire d'études politiques et cartographiques (LEPAC)

- diffusion sur Arte le samedi à 17h45, rediffusion le mercredi vers 22h20
- diffusion sur TV5 Monde le dimanche à 7h45
- disponible sur arte+7, en vidéo et DVD à la demande (www.artevod.com)

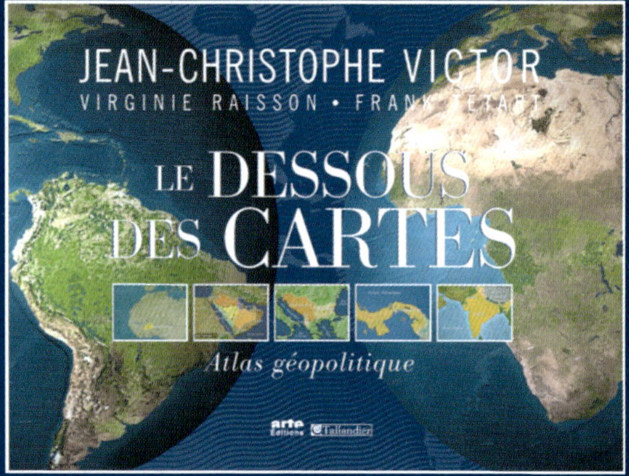

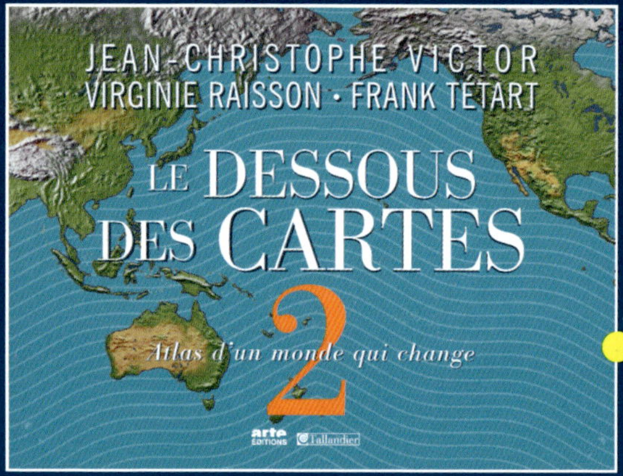

deux atlas géopolitiques

une édition de fichiers pédagogiques

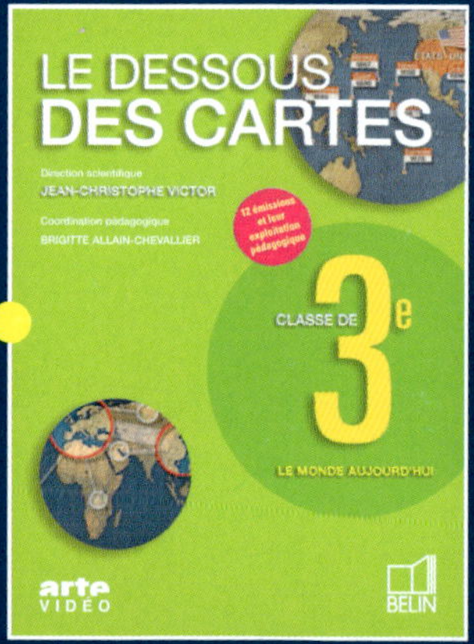

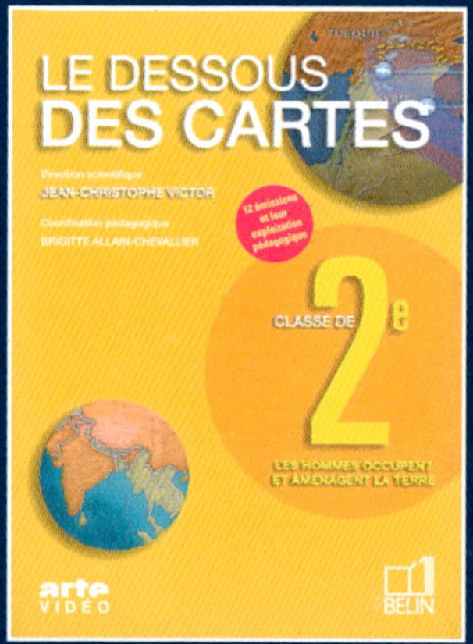

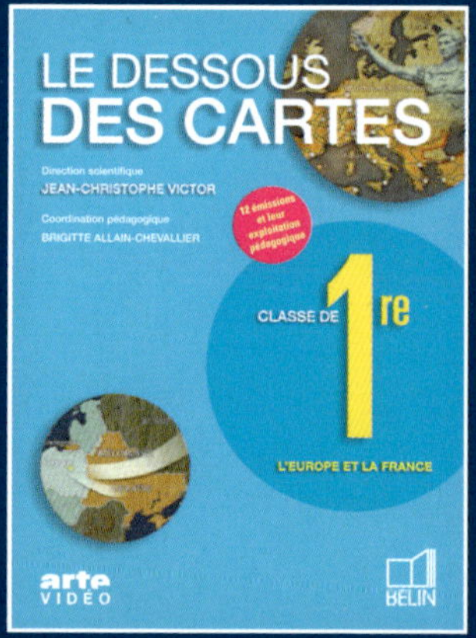

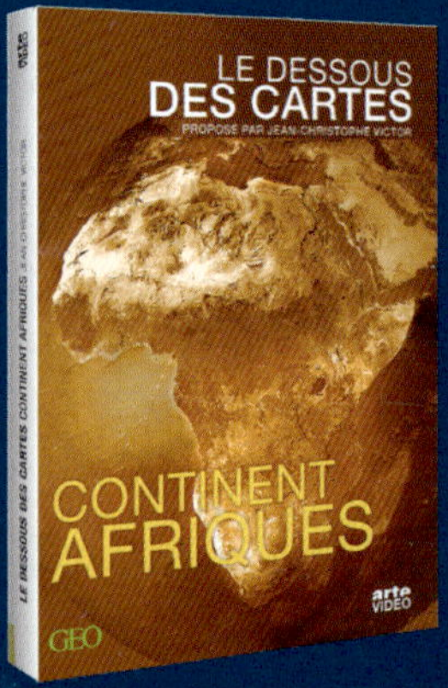

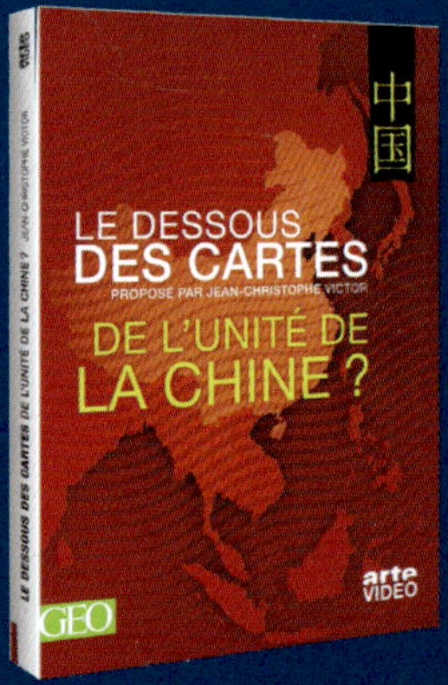

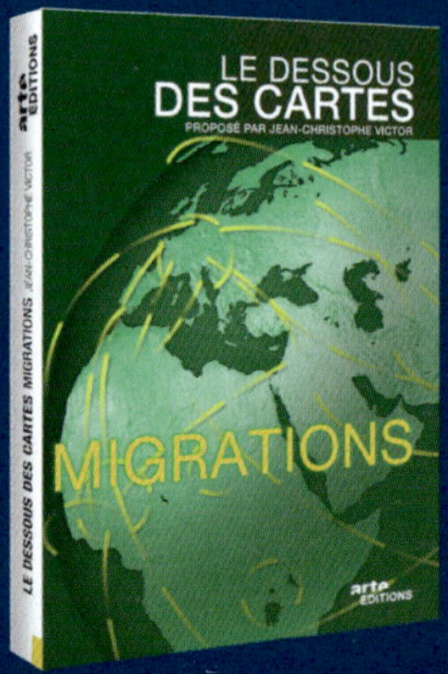

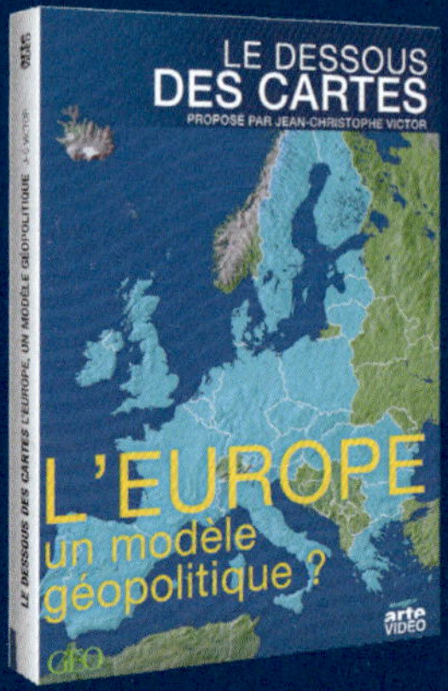

une collection de DVD, en coffret thématique ou en unitaire

www.arte.tv/ddc

site de l'émission avec archives et bibliographies